I0815204

Aquiles en TikTok

Eduardo Infante

Aquiles en TikTok

El camino a la virtud

Ariel

Obra editada en colaboración con Editorial Planeta – España

Bajo el sello editorial ARIEL M.R.
Avenida Presidente Masarik núm. 111,
Piso 2, Polanco V Sección, Miguel Hidalgo
C.P. 11560, Ciudad de México
www.planetadelibros.com.mx
www.paidos.com.mx

Primera edición impresa en España: abril de 2023
ISBN: 978-84-344-3616-9

Primera edición impresa en México: octubre de 2023
ISBN: 978-607-569-589-1

Impreso en los talleres de Impresora Tauro, S.A. de C.V.
Av. Año de Juárez 343, Colonia Granjas San Antonio, Iztapalapa
C.P. 09070, Ciudad de México.
Impreso en México – *Printed in Mexico*

A Kathryn, mi amable Musa,
tu canto da comienzo a mi canción,
tu brisa agita mi mente,
tu luz desvela a mi corta vista
la verdad inmutable,
tu danza conjura mis demonios,
tu bóveda celeste sostiene mis certezas,
tu mirada burlona dibuja mi risa,
nuestro Jacinto cuenta nuestra historia,
y tu amor hace que quiera ser un hombre mejor

Me puedes decir, Sócrates: ¿es enseñable la virtud?, ¿o no es enseñable, sino que solo se alcanza con la práctica?, ¿o ni se alcanza con la práctica ni puede aprenderse, sino que se da en los hombres naturalmente o de algún otro modo?

PLATÓN, *Menón*, 70 a

Índice

Introducción

La virtud por los suelos

> El ser buena la ciudad ya no es una cuestión de suerte, sino de ciencia y de resolución; y por cierto, buena es una ciudad en cuanto que los ciudadanos que intervienen en su gobierno son buenos, y para nosotros todos los ciudadanos intervienen en el gobierno. Por consiguiente, habrá que estudiar cómo un hombre se hace bueno, pues, aunque se diera el caso de que todos los ciudadanos en conjunto fueran buenos, pero no individualmente, habrá que dar preferencia a esto, ya que de serlo individualmente se sigue el serlo todos.
>
> ARISTÓTELES, *Política*

EL CAMINO DE LA VIRTUD

Uno de los lugares que más conmoción me han causado es el Duomo de Siena. Este edificio gótico, construido a base de enormes bloques de mármol de Carrara, de colores blanco y verde oscuro que desde la distancia se aprecia negro, es una imponente petrificación de la bandera de esta bella ciudad de la Toscana. Las historias cuentan que los sieneses quisieron demostrar con su catedral la nobleza, el coraje y la fortaleza del pueblo que la levantó. Fueron los propios ciudadanos los que acarrearon durante generaciones las piedras desde las canteras cercanas. Ni siquiera la epidemia de peste negra que diezmó la población de Siena en 1348 detuvo la sed de excelencia de estos hombres y mujeres.

El Duomo se asienta sobre un antiguo templo de la diosa Minerva y, hoy en día, sigue siendo un espacio consagrado a la filosofía. Todo aquel que cruza su pórtico queda maravillado ante el suelo que lo recibe. Quizá la de Siena sea la única catedral en la que los ojos del visitante se quedan pegados a sus pies, no pueden mirar al cielo y se dejan atrapar por la nobleza de la tierra que lo sostiene.

Giorgio Vasari describió el suelo de la catedral como «el mayor, más bello y más magnífico suelo creado jamás»,[1] y Richard Wagner, en una carta enviada a su esposa en 1880, confesó haberse sentido «emocionado hasta las lágrimas por la belleza de esos paneles».[2] Los 56 paneles de marquetería en mármol blanco, rojo, verde, negro y azul son una muestra de la virtud que puede alcanzar el ser humano. En el mosaico trabajaron más de cuarenta artistas y se tardó más de quinientos años en terminarlo.

El camino de la virtud o *El monte de la sabiduría*, construido a partir de un dibujo del pintor de Umbría Bernardino di Betto, conocido como Pinturicchio, es uno de los paneles más majestuosos. El mosaico muestra en primer plano a la diosa Fortuna: una joven desnuda que sostiene el cuerno de la abundancia en su mano derecha mientras que con su izquierda recoge el viento con una vela. Su equilibrio, como ella, es inestable; su pie derecho descansa sobre un globo terráqueo mientras que el izquierdo se posa sobre un barco ingobernable cuyo mástil está roto.

El artista parece indicarnos que, después de un tormentoso viaje, la diosa al fin ha tomado tierra en una isla poblada por un grupo de sabios que ascienden por una colina escarpada e inhóspita. El culto a la diosa Tyche o Fortuna se popularizó durante el helenismo, una época de crisis e incertidumbre no muy diferente a la nuestra. La Fortuna es la encarnación de todas aquellas circunstancias que ni sabemos ni podemos controlar; es una fuerza cruel, caprichosa e imprevisible que juega con nuestras existencias y a la que conviene tener de nuestro lado, ya que concede favores con la misma irracionalidad con la que los arrebata.

Aunque el hombre corriente empeña su vida por conseguir la buena fortuna, los filósofos representados en el mosaico dan la espalda a Tyche porque, aunque seductora, posee un carácter inestable. El sabio elige el duro y abrupto camino que conduce hacia la virtud. En la cima de este sendero arduo y sombrío, lleno de dificultades y pruebas, les espera una figura femenina que representa a la Virtud. La mujer descansa en una llanura repleta de flores sobre la que se abre un pergamino en el que puede leerse: «Huc properate viri: salebrosum scandite montem pulchra laboris erunt premia palma quies» (El camino para alcanzar la virtud es difícil, pero los que perseveren serán recompensados). ¿Cuál es el premio para aquel que corona la cima?

La palma de la Victoria. En la antigua Roma se representaba a la Victoria con una hoja de palma como imagen de renacimiento, inmortalidad y triunfo del espíritu sobre el cuerpo. Quien alcanza la cumbre de la virtud obtiene la palma de la serenidad, ese sosiego que produce la felicidad plena.

A la izquierda de la Virtud se encuentra Sócrates, y a su derecha, Crates de Tebas. El filósofo cínico arroja sobre la cabeza de la diosa Fortuna los bienes exteriores que los hombres insensatos, y por tanto infelices, persiguen: fama, honor, gloria, seguridad, notoriedad, bienes materiales, placer, confort... El mensaje del mosaico es claro: primero, la virtud es el único bien; segundo, la virtud solo se alcanza con esfuerzo, y tercero, el hombre virtuoso es el más feliz, auténtico y pleno de entre todos. El humano que se encuentre junto a Sócrates y Crates será el más extraordinario y su vida, la más dichosa. Aquel que busque la fortuna abandonará inevitablemente el camino de la virtud, puesto que los senderos que conducen a una y a otra discurren en direcciones contrarias.

Palabras antiguas para tiempos nuevos

El término *virtud* proviene del latín *virtus,* que fue como se tradujo el griego *areté,* que significaba «fuerza», «poder», «eficacia». En su origen, la palabra se usaba para designar el comportamiento excelso de los buenos guerreros, de tal manera que afirmar que alguien poseía *areté* implicaba que era «excelente en algún sentido». En un contexto amplio, el término se aplicaba a toda clase de perfección que puede alcanzar cualquier ser, desde un caballo hasta un escudo, a toda capacidad natural desarrollada hasta su máximo esplendor, o al modo de ser más excelso al que algo o alguien puede aspirar. En un contexto más restringido, la virtud se refiere a las perfecciones propias del ser humano. Así, de forma general, podemos definir la virtud como «el desarrollo excelente de una función».

Areté fue un concepto central en la cultura griega, hasta el punto de que los helenos diseñaron un sistema pedagógico que tenía como objetivo convertir a los niños en ciudadanos virtuosos: la *paideia.* Esta palabra griega se traduce a veces como «cultura» y otras como «educación», y denotaba la formación integral del ser humano en todas sus dimensiones: una educación física que perfeccionaba el cuerpo, una educación moral que moldeaba un buen carácter y una educación intelectual que dotaba al individuo de una cultura común, un conocimiento poderoso y una sana capacidad de juicio.

La antigua *paideia* se encuentra en las antípodas de un modelo de educación como el nuestro, centrado en capacitar para el trabajo (un tipo de educación que los griegos consideraban propia de los esclavos). Nuestras escuelas, como afirma Gregorio Luri,[3] parecen cada vez más obsesionadas con convertirse en agencias de colocaciones futuras. Desde diferentes sectores de la sociedad se recalca con insistencia que la función de la escuela debe ser la de formar a los jóvenes para unos trabajos que hoy nos son desconocidos. En los foros sobre educación, las empresas tecnológicas están advirtiendo continuamente que «el 65% de los niños que empiezan hoy primaria tendrán que trabajar en empleos que aún no existen». No deja de sorprender la exactitud del porcentaje de este oráculo. Quizá el rey Layo hubiese conservado vida, reino y esposa si el oráculo de Delfos hubiese acompañado sus pronósticos con porcentajes tan exactos. La OCDE, en un texto de 2010, afirmaba:

> Vivimos en un mundo que cambia aceleradamente, y producir más conocimiento y habilidades semejantes a lo que ya tenemos no será suficiente para enfrentar los desafíos del futuro [...]. Debido al rápido cambio económico y social, las escuelas deben preparar a los estudiantes para trabajos que aún no han sido creados.[4]

El problema no consiste solo en que el futuro laboral que auguran las grandes corporaciones tecnológicas, y al que, según ellas, debería someterse nuestra escuela, suele coincidir con sus intereses comerciales y sus planes estratégicos, sino que se empieza a imponer la idea de que no existe un modelo ideal de ciudadano que nuestras escuelas deban desarrollar. Así, nuestros niños ya no han de aspirar al pleno desarrollo de su naturaleza humana, a ser personas íntegras, a ser buenos ciudadanos; tan solo deben ambicionar una competencia laboral en un mercado fluctuante, mientras, eso sí, lo pasan bien. Porque en lo que las «nuevas metodologías» parecen estar interesadas es en evitar el aburrimiento provocado por la rutina y el hábito (elementos indispensables en la metodología de la virtud). Lo que ahora importa no es *saber* sino *saber hacer,* y ese *saber hacer* debe ser divertido porque, si el sujeto se divierte, confundirá el ocio con el negocio y así trabajará más y mejor. La búsqueda de la experiencia inmediatamente placentera se ha convertido en un objetivo tan importante en nuestra educación que, como reza el mantra que repiten los gurús de la «nueva escuela», los contenidos no importan. Y no se equivocan teniendo en cuenta el valor que encierran los conocimientos inútiles en una sociedad que ha reducido lo valioso a lo útil y lo útil a aquello que sirve al sistema productivo para aumentar el beneficio económico. En la escuela de hoy no tienen cabida Sófocles, Tucídides o Plutarco, porque su lectura es difícil y exige un sobreesfuerzo que no compensa, ya que estos textos antiguos poco pueden enseñar a nuestros hijos sobre cómo trabajar en el mundo ya no de hoy, sino de mañana.

Una de las primeras nuevas escuelas que despreció los fundamentos de la vieja *paideia* fue la que fundó, en 1907, Elbert H. Gary, presidente de la empresa de acero United

States Steel, en una ciudad de Indiana. Gary promovió un plan con el objeto de crear un nuevo modelo de educación para los hijos de sus trabajadores inspirado en los principios pedagógicos del filósofo pragmatista John Dewey. Según este plan, los niños acudirían todos los días a la escuela ilusionados, no sentirían ningún tipo de imposición, aprenderían haciendo y la propia experiencia sería el centro del aprendizaje, de modo que abandonarían el estudio memorístico y la monotonía del libro de texto, y desarrollarían una mentalidad eficiente y emprendedora. El aula debía asemejarse a un taller de trabajo: no habría cursos ni asignaturas, y cada niño aprendería lo que quisiese en función de sus intereses personales. Los alumnos tendrían tal control sobre su proceso educativo que cada uno decidiría cuándo coger vacaciones. John D. Rockefeller supo ver los beneficios que podía aportarle este modelo e invirtió grandes sumas de dinero en desarrollarlo en Nueva York. Sin embargo, sus trabajadores no estaban de acuerdo con el plan; sospechaban que el objetivo real era el de capacitar a sus hijos para que fueran engranajes eficientes de la maquinaria industrial. Desde luego, el hecho de que a esta escuela fuesen los hijos de los trabajadores y no los de los Rockefeller no auguraba nada bueno.

La «vieja escuela» siempre estuvo vinculada indisolublemente a la virtud, pues no se trata de que el alumno llegue a actuar bien o a ser competente, como diríamos hoy en día, sino de que sea bueno. La *paideia* no educaba para el mundo laboral, sino para la vida. Educar es enseñar a vivir dignamente; no es abandonar al alumno a cualquier forma de vida, menos aún a las más indignas —la del ignorante, el malvado o el infeliz—, sino elevarlo para que pueda experimentar una vida auténtica y plena. Educar para la vida es educar para la felicidad porque, como afirmaba José Ortega y Gasset, «la vida es quehacer», y todas nuestras acciones están proyectadas a un mismo fin: la *eudaimonía*, es decir, la vida buena o buena vida de la que nos habla Aristóteles en sus textos.

Como veremos en el capítulo dedicado al estagirita, la felicidad griega nada tiene que ver con el significado actual que la vincula a un estado de ánimo ocasional, a la satisfacción de los deseos o al consumo de bienes y experiencias placenteras y novedosas. Todo lo contrario: es un asunto de mayor calado, incluso se podría decir que es la tarea más importante, que implica toda la vida y que apunta a construir una existencia digna; aquella que permite al ser humano ser más plenamente humano y alcanzar el modo de vida de un hombre virtuoso.

El filósofo escocés Alasdair MacIntyre ha sido uno de los que más exhaustivamente han estudiado el concepto de virtud, a la que ha definido así:

> Aquellas disposiciones que no solo mantienen las prácticas y nos permiten alcanzar los bienes internos a las prácticas sino que nos sostendrán también en el tipo pertinente de búsqueda de lo bueno ayudándonos a vencer los riesgos, peligros y distracciones que encontremos y procurándonos creciente autoconocimiento y creciente conocimiento del bien.[5]

Su definición tiene dos ideas claves que debemos resaltar. La primera es que las virtudes no se alcanzan individualmente, como piensa el neoliberalismo, sino que solo florecen en el terreno abonado de una «práctica», es decir, de aquellas actividades que se realizan en el seno de *una comunidad y una tradición*, en cooperación con otros, y que están establecidas socialmente, como ser maestro, alumno, padre, político, ciudadano, empresario, trabador, etc. En la práctica del ajedrez, por ejemplo, desarrollamos virtudes como la concentración, el autocontrol, el cálculo mental o la autocrítica.

Cada práctica lleva implícito un modelo ideal de ser humano, definido por la comunidad y por la tradición que el novicio debe perseguir si quiere llegar a ser un experto: un buen maestro, un buen alumno, un buen padre, un buen político, un buen ciudadano, un buen empresario, un buen trabajador... y, por supuesto, aunque al posmodernismo y al relativismo imperantes les pese, un buen hombre.

Sin embargo, debemos tener presente que no todas las destrezas que se adquieren con una práctica son virtudes; tan solo lo son aquellas que están orientadas al bien del hombre en cuanto que hombre tanto en lo individual como en lo colectivo. No es una virtud la capacidad de construir una excelente arquitectura contable para evadir impuestos, o la de aquel individuo del que nos habla Montaigne, experto en lanzar granos de mijo y hacerlos pasar por el orificio de una aguja. Montaigne, basándose en el relato de Quintiliano, cuenta que cuando el hábil lanzador de grano pidió una retribución a Alejandro Magno, este, con sorna imperial, ordenó que se le otorgase un kilo de mijo para que «tan hermoso arte no dejase de practicarse».[6] Pues bien, este tipo de destrezas, como las que hoy se exponen en los concursos de talentos producidos por la televisión o aquellas de las que se jactan los *tiktokers*, no son virtudes sino una inútil y burda imitación de la virtud. Grabar diez mil vídeos de uno mismo, poseer una horda de seguidores en TikTok y atesorar *likes* no te convierten en un ser virtuoso, merecedor del favor de los dioses inmortales, tan solo atestiguan el estado de degradación en el que se encuentra nuestro concepto de «lo bueno».

La segunda idea clave de la definición de MacIntyre es que la vida de todo ser humano está proyectada, por naturaleza, a un mismo bien: nuestro pleno desarrollo como hombres. De ello se deduce, en línea con Aristóteles, que la vida buena es aquella que se dedica a la consecución de este estado de plenitud humana. Nuestras existencias son relatos que, como la *Odisea*, narran los viajes de búsqueda de este bien del hombre. Es en el transcurso de tales aventuras donde germinan, brotan y se enraízan virtudes en el núcleo más profundo de nuestra alma, dotándonos de sabiduría para identificar el fin de la vida humana, de fortaleza para no desviarnos del camino trazado y de valor para enfrentarnos a los peligros, superando con éxito cualquier dificultad. Las virtudes, a diferencia de los bienes exteriores como el dinero, la reputación o la salud, son bienes interiores que ningún golpe de mala fortuna nos puede arrebatar.

Me temo que MacIntyre no se equivoca cuando afirma que este viejo concepto ético no goza de buena fama en nuestro actual modelo de escuela, ya que choca de bruces con el individualismo, el hedonismo y el relativismo imperantes en nuestros días. Y quizá, precisamente por ello, necesitemos un héroe como el Ulises que Dante nos pinta magistralmente en el canto XXVI de su *Divina comedia* para que examine lo profundo de nuestra alma y nos recuerde que «de noble estirpe es vuestro ser esencia: para alcanzar virtud habéis nacido, y no a vivir cual brutos sin conciencia».[7]

Preguntas virtuosas

¿Tendría sentido recuperar la educación de la virtud? ¿Sigue siendo válida para orientar nuestras vidas tanto en el plano ético como en el político? ¿Quiénes estarían hoy junto a Sócrates y a Crates en la cima de la montaña? ¿Cómo educaría Sócrates a nuestros jóvenes? ¿Existe una o varias virtudes? ¿Son el mismo tipo de virtud la intelectual y la moral? ¿Se puede ser virtuoso en un determinado aspecto y mediocre en otro? ¿Una excelencia que no está al servicio del bien es una virtud? ¿Está al alcance de todos o se necesita una determinada naturaleza? ¿Cómo se adquiere el conocimiento de la virtud? ¿Qué papel juegan la naturaleza, el hábito y el intelecto en su adquisición? ¿Qué lugar tienen las emociones y la razón en su conocimiento? ¿Por qué las personas virtuosas no son capaces de transmitir la virtud a sus hijos? ¿Puede un niño ser virtuoso? ¿Existe una pedagogía de la virtud? ¿Es indispensable la disposición previa del alumno?

Tales son las cuestiones que este libro pretende abordar. Las resolveremos con ayuda de la luz que arrojó la filosofía griega, enamorada de este concepto.

Como el joven Menón, del que nos habla Platón en el diálogo que lleva por título su nombre, yo también he quedado hechizado, embrujado y hasta encantado ante el problema de la enseñanza de la virtud. He de confesar que, al igual que Menón, me siento perplejo y aturdido, hasta el punto de que, aunque en muchas ocasiones he hablado de la virtud, ahora, por el contrario, ni siquiera puedo decir qué es. Por eso acudo, casi con reverencia, a aquellos hombres que dedicaron sus vidas a desentrañar estos misterios: Homero, Hesíodo, Sócrates, Platón y Aristóteles. Sus voces de largos ecos, clásicas para nosotros, comparten las virtudes del fuego: dan luz y calientan el corazón. Es por ello por lo que mi intención es alumbrar con aquel fuego de antes, y sin embargo eterno, nuestro presente a fin de reorientar nuestros pasos hacia aquel monte en el que Sócrates y Crates nos esperan para compartir su dicha.

1

¡Busco a un hombre!

¡Oh, amigos! ¡Sed hombres, mostrad que tenéis un corazón pundonoroso, y avergonzaos de parecer cobardes en el duro combate! De los que sienten este temor, son más los que se salvan que los que mueren; los que huyen, ni gloria alcanzan ni entre sí se ayudan.

HOMERO, *Ilíada*, canto XV

PELOTAS Y LANZAS

Cuando en una escuela el timbre del recreo suena, como en los tiempos inmemoriales lo hacía el estruendo causado por el choque de las lanzas contra los escudos, y un grupo de estudiantes salen por la puerta del aula pateando una pelota, de repente, como rememorando inconscientemente una tradición que habita en sus entrañas, comienza a mediar entre ellos la antigua moral aristocrática cantada por Homero en sus inmortales hexámetros.

Los niños dibujan con sus cuerpos una igualitaria línea que únicamente se atreven a sobrepasar los líderes naturales, los pastores de hombres, es decir, aquellos dos muchachos que son los mejores en el terreno de juego y a los que la admiración de sus compañeros ha erigido en capitanes. Cada caudillo va seleccionando, uno a uno, los miembros de su escuadra en función de los méritos demostrados en el terreno de juego, y cuando el balón echa a rodar, todo lo demás se torna accesorio.

La sociedad del espectáculo baja el telón y el buenismo inclusivo se toma un descanso. Los colegiales dejan de interpretar su papel en el teatro del «café para todos» para celebrar la iniciativa, la agudeza, la superación personal, la autodisciplina y el esfuerzo puestos al servicio del grupo. Aburridos de una escuela que renunció a enseñar para entretener, los alumnos usan la competición para potenciar sus cualidades personales, asumir responsabilidades y educarse en el compañerismo, la solidaridad y el trabajo en equipo.

Los jóvenes aprenden por sí mismos que, como la vida, la pelota nunca viene por donde uno espera, y precisamente por eso, cada jugada es pura invención, puro arte, pura poesía. Vivir como seres humanos es poetizar la vida, lo mismo que el futbolista hace poesía con la pelota o el poeta boxea con las palabras: creando belleza en cada acción. Los niños, al poetizar con la pelota en el patio, descubren que el arte de vivir se parece más al arte de la lucha que a la danza,[1] porque en la vida no se puede ensayar y premeditar cada minúsculo movimiento que se ejecuta, sino que hay que estar dispuesto y resuelto a enfrentarse a acontecimientos repentinos e inesperados.

En el aula danzan, mientras que en el patio luchan. En el aula, los políticos y pedagogos imponen una evaluación ficticia en la que nadie pierde y todos obtienen el éxito académico. En el patio, sin embargo, la verdad de la pelota vuelve a poner las cosas en su sitio. Solo uno puede marcar el gol aunque sean todos los que compartan la alegría de ese instante irreversible en el universo. Y aunque solo un jugador puede ser el máximo goleador y solo un equipo puede llevarse la victoria, nadie se traumatiza ni siente herida su dignidad, ni tiene problemas de autoestima, sino todo lo contrario: experimenta respeto hacia su rival y un amor por la competición. Porque únicamente en el duelo es posible conocernos a nosotros mismos y saber a qué altura del camino hacia la virtud nos encontramos.

La ética de la competición

La ética que rige tanto en el patio de recreo como en las costas sobre las que desembarcaron las cóncavas naves de los aqueos es aristocrática y agonal. Lo aristocrático procede del griego *aristós* («el mejor») y comparte raíz con *areté*, un superlativo que designa al «más mejor» y que, como ya sabemos, los escritores latinos tradujeron a *virtus*. Este sentido se conservó en nuestra palabra *maestro*, que proviene de la latina *magister* cuyo significado literal es «el más mejor», el amo, el señor y el jefe. Lo agonal procede a su vez de *agón* («combate, lucha, partido») y se ha conservado en la palabra *agonía*, que se refiere a la angustia sufrida por alguien que se encuentra al borde de la muerte, es decir, que está *luchando* por su vida.

Aunque la lucha parece estar presente en multitud de culturas, lo propio del espíritu griego es concebirla como una competición en pie de igualdad; por eso el *aristós* es solo aquel que se ha distinguido como el mejor entre sus pares. La moral agonal es la que guía la vida de aquel que aspira a destacarse entre sus iguales; por este motivo, los griegos entendieron que la virtud no solo florece en quien alcanza la victoria, sino también en todo rival que esté a la altura. No es digna de ser cantada una victoria obtenida sin esfuerzo o ante un adversario inferior que no ha dado la talla.

El hombre griego no lucha por dinero, sino solo por ganarse el mérito y el respeto que le otorgan sus iguales. Así lo constató el embajador persa que asistió a los Juegos Olímpicos. Al contemplar cómo los atletas recibían como premio una corona de olivo en lugar de dinero, el enviado persa escribió asustado a Mardonio, comandante de los ejércitos del imperio aqueménida durante las guerras médicas: «¡Ay, Mardonio, contra qué clase de gente nos has traído a combatir! ¡No compiten por dinero, sino por amor propio!».[2]

Un atleta griego no se esfuerza por el oro, sino por el honor. Las cabezas de los vencedores en los Juegos Olímpicos eran coronadas con una humilde rama de olivo cortada por el más bello de los efebos, mientras el público agradecía que los dioses les hubiesen permitido contemplar la virtud en este mundo. Todos celebraban el triunfo de la virtud arrojando flores a los excelentes, entretanto estos daban una vuelta triunfal al estadio. En el templo de Zeus, los heraldos proclamaban sus nombres, su patria y su linaje, y al regresar a sus ciudades eran recibidos como héroes. Se derribaba un trozo de la muralla para honrarles con una entrada especial, los poetas cantaban sus hazañas, se erigían estatuas conmemorativas y se les reservaba un puesto de honor en las comidas comunes del pritaneo, sede del gobierno de la polis. Haber luchado y vencido en los Juegos Olímpicos suponía merecer la admiración de toda la sociedad.

Jenofonte cuenta que el aturdimiento que provocaba la presencia del vencedor olímpico era un sentimiento de naturaleza casi religiosa.[3] Cuando el atleta muestra su excelencia, cuando es capaz de superar sus propios límites, un resplandor atrae las miradas de todos los presentes del mismo modo que por la noche nos sentimos atraídos por el fulgor de los cuerpos celestes. El atleta que triunfa es digno de contemplación porque parece un dios encarnado. La vista de todos los espectadores queda atrapada por su belleza y cada uno se conmueve en lo más hondo de su alma. Unos se quedan callados, absorbidos por un silencio casi sagrado, mientras que otros gesticulan expresando su entusiasmo.

La justicia del mérito

El mérito está relacionado con la idea griega de justicia. Para Platón, la diversidad de significados que tiene la palabra *justicia* puede reducirse a la fórmula del poeta Simónides,[4] «devolver a cada uno lo que corresponde, y a esto lo denominó "lo que se debe"». Así, el mérito es anterior a la justicia, ya que esta consiste en el reconocimiento y el respeto del primero. Dar con mérito es hacer justicia, mientras que hacerlo sin mérito es un acto de injusticia que repugna a dioses y a hombres.

La igualdad de oportunidades es tan justa como injusta es la igualdad de resultados. Veámoslo con un ejemplo. El pancracio era uno de los deportes olímpicos más importantes. Era una especie de combinación de lucha y boxeo cuya invención la mitología atribuía a Teseo cuando se enfrentó al Minotauro. Pues bien, para un griego sería tan injusto que combatiesen dos rivales desiguales como que se coronase a ambos adversarios, desmereciendo con ello al que ha obtenido la victoria. Iría contra el sentido de la justicia tratar de manera desigual lo que es igual o tratar de manera igualitaria lo que es desigual.

La noción griega del mérito no está vinculada con las normas o la legalidad, sino con el sentido mismo de lo justo, es decir, del orden natural de las cosas. Para un griego existe un tipo de desigualdad natural que la justicia tiene que respetar. Por eso, el mundo heleno construyó una sociedad que valoraba al hombre según sus aptitudes naturales, pero también según su esfuerzo por desarrollarlas y mantenerlas; dicho de otro modo, según sus méritos. La isonomía, que es la igualdad de derechos políticos y jurídicos entre los ciudadanos instaurada por Solón en el siglo IV a. C., no es contradictoria con la idea de que los hombres no somos semejantes en valor y que la justicia ha de reconocer el talento, el ingenio y el esfuerzo.

Los griegos, al colocar el mérito como valor central de su cultura, generaron a un ciudadano con la aspiración de ofrecer lo mejor de sí mismo en cada ocasión, independientemente de la victoria o la derrota. Como afirma Hannah Arendt, la competición da al hombre griego «la oportunidad de mostrarse tal y como es, de manifestarse realmente, o sea, de ser plenamente reales».[5] La competición nos impulsa a ser como debemos ser y a elevar el yo actual hacia el yo posible. Amar la virtud es amar la mejor versión de nosotros mismos. El término *areté* se refiere también al coraje necesario para cultivar la excelencia que nace solo en aquel que siente un profundo amor por lo mejor.

Virtud y competición son dos conceptos imbricados en la mentalidad griega. Solo podemos evaluarnos y realizarnos confrontándonos con la realidad. Es en el conflicto donde brota el sudor que riega la virtud.

Sócrates y el *tiktoker*

> Antístenes dice: «Es preferible caer en medio de los cuervos que entre los aduladores, porque unos maltratan el cuerpo de un muerto, pero los otros el alma de uno vivo».
>
> Estobeo, III 14, 17

Como bien advertía Séneca, «para el que ignora el puerto al que encaminarse, ningún viento le es propicio».[6] No es sensato aspirar a la virtud si no se tiene previamente una imagen de ser humano ideal hacia la que dirigir los pasos. No se puede esculpir el hombre interior sin un modelo que enderece los movimientos del cincel. Quien desee pintar algo, antes siquiera de mezclar los colores en la paleta, deberá tener decidido qué es lo que quiere pintar, porque, de lo contrario, se encontrará dando tumbos, vagando de un lado para otro, rectificando continuamente el criterio sin saber con claridad cuál es la dirección, algo que le ocurre con demasiada frecuencia al hombre posmoderno.

En la escuela actual se discute mucho sobre las metodologías, los procesos y ámbitos de aprendizaje, la evaluación y la calificación sin haber decidido previamente cuál es el ciudadano que queremos pintar. Debatimos sobre el tipo de barco más apropiado para el viaje, investigamos la mejor manera de colocar las velas y los pesos de la tripulación para aprovechar el viento y optimizar la velocidad de la nave, pero nos internamos en las oscuras y profundas aguas sin determinar cuál es el puerto al que queremos arribar. Las sucesivas leyes educativas han sustituido la ética (la construcción del *ethos*, el carácter del hombre bueno) por la transmisión de los valores hegemónicos. La escuela plural es una embarcación sin rumbo arrastrada por las corrientes de la ideología del gobierno de turno y de la última ocurrencia o innovación tecnológica, en la que los pasajeros, incapaces de consensuar su destino, renuncian al diálogo racional y a la búsqueda conjunta del bien común. Se impone entonces el principio del «todo vale» como sucedáneo del ideal de comunidad sobre el que se fundamenta la democracia.

La griega era una escuela de ciudadanía. La mayor dignidad de un ciudadano heleno era participar en la vida pública y emular a los que le precedieron. Estaba educado para que, haciendo uso de su libertad (*eleuthería*), su igualdad de palabra (*isegoría*) y su igualdad ante la ley (*isonomía*), colaborase en la identificación y la construcción del bien común: el mayor bienestar posible para todos los miembros de la comunidad. El bien común no es la suma de los bienes individuales, sino las condiciones que hacen posible el máximo desarrollo de los miembros de una comunidad. Este tipo de bien no puede identificarse con los intereses egoístas de la mayoría porque es indivisible y solo es posible construirlo (y protegerlo) con la cooperación de todos.

El término *idiotes* hacía referencia a la persona que se desentendía de lo público y solo se ocupaba de sus propios asuntos. Pues bien, nuestro barco parece estar repleto de idiotas que, incapaces de consensuar el rumbo, han acordado que cada cual elija el lugar de destino hacia el que colocar las velas, generando con ello un conjunto de fuerzas dispares que se neutralizan las unas a las otras y que abocan a la nave a estar siempre a la deriva. Como bien sabemos, una escuela de ciudadanos no puede estar a la deriva. Por este motivo, antes de embarcarla en una nueva aventura, debemos consensuar un horizonte común, una idea reguladora que la oriente; en definitiva, un ideal de ciudadano.

El hombre perfecto

El objetivo final de toda educación es encaminar al hombre hacia su verdadero ser. Siempre se educa desde una imagen de ser humano que se entiende como la más verdadera, auténtica y bella. La imagen griega del hombre perfecto queda representada en el concepto *kaloskaga-*

thos (o *kalòs kagathós*): el hombre bello (*kalòs*) y bueno (*kaí* y *agathós*); es decir, el que posee en su ser todas las virtudes.

En su origen, la palabra *areté* se refería a la conducta selecta, digna y heroica del caballero griego encarnada en figuras como la de Aquiles. *Kaloskagathos* era el término con el que la antigua aristocracia helena se refería a sí misma y que, originariamente, tenía el significado de noble, buena raza, buen ejemplar, hombre que sirve de modelo y que pertenece al selecto grupo de los *kaloi kagathoi*, los caballeros griegos, los más dignos entre los dignos, aquellos que sobresalían en el campo de batalla y en la asamblea. Especialmente admirados por su nobleza eran los jinetes de la ciudad jonia de Colofón, patria de Homero. Debía de ser un espectáculo digno de admirar su llegada en caballo a la asamblea de ciudadanos, con sus mantos púrpuras ondeados por el suave céfiro. Su destreza y su maestría eran tales que, cuando la caballería intervenía en una guerra de difícil solución, ponían el punto final decantando la victoria hacia la facción que ellos apoyaban, de ahí que nos haya quedado la expresión de «poner el colofón» para cuando se alcanza un final seguro a un asunto.[7]

Aunque el significado concreto del término *kaloskagathos* fue cambiando a la par que evolucionaba Grecia desde el primitivo mundo aristocrático hasta la sociedad democrática, su significado general siempre se mantendría, designando el ideal del hombre superior. Gradualmente, *kaloskagathos* dejó de designar a la nobleza de sangre para pasar a referirse al prototipo de ser humano y de ciudadano que la educación debe modelar.

Como iremos viendo, mientras los antiguos poetas identificaron la *kalokagathia* con las virtudes, más bien físicas, del guerrero de noble cuna, Sócrates y Platón iniciaron una revolución ética (y pedagógica) al concebirla como una virtud interna, intelectual y espiritual; una belleza de alma. La gran aportación de Sócrates fue entender que la virtud no es algo con lo que nacen los hombres de buena estirpe, sino que se aprende (aunque no se enseña, ya veremos por qué) y, por tanto, cualquiera la puede adquirir. Si en la Grecia arcaica los llamados a dirigir son los que «nacen» virtuosos, los aristócratas, en la Grecia democrática serán aquellos que «se hacen» virtuosos.

En *La República*, Platón usa *kaloskagathos* para referirse al filósofo, «el hombre bello y bueno», amante del saber y la cultura, y en el *Timeo* lo presenta como el ideal de perfección individual que todos debemos emular y tener presente en cada acción. Y en la misma línea, Aristóteles, tanto en la *Ética a Nicómaco* como en la *Ética a Eudemo*, usa *kalokagathia* como sinónimo de una «nobleza» no de sangre sino de espíritu, como condición de magnanimidad y consecuencia de adquirir todas las virtudes.

Las escuelas filosóficas de la Antigüedad compartieron sin excepción un mismo prototipo de hombre excelente: Sócrates. El maestro de maestros posee una *kalokagathia* interior. Platón la ilustró bien por boca de un joven Alcibíades, cuando, al final de *El banquete*, compara a Sócrates con aquellas estatuas de feos y viejos silenos que los escultores tienen expuestas en las estanterías de sus talleres y que, al abrirlas, muestran la imagen perfecta de un dios escondida en su interior. Toda la filosofía antigua identificará a ese hombre interior de Sócrates con el ideal de ser humano perfecto que la educación en la virtud debe tener como objetivo.

Sócrates fue el auténtico *kaloskagathos* para el mundo clásico. Era justo, equilibrado, valiente, fuerte y siempre estaba de buen ánimo, incluso en circunstancias tan dramáticas como su ejecución. Todas las fuentes reconocen que su principal virtud era la sabiduría. Pero ¿qué sabiduría puede tener alguien que reconocía no ser un experto en nada? Sócrates poseía un conocimiento práctico sobre lo bueno para el hombre en tanto que hombre; es decir, cómo un ser humano ha de vivir.

Cínicos, epicúreos, estoicos, escépticos y el resto de las escuelas filosóficas de la Antigüedad entendieron que la virtuosa sabiduría que Sócrates poseía capacitaba a cualquiera para ser feliz en cualquier circunstancia, por difícil que esta fuese. Sobre la virtud como sabiduría, existe una maravillosa anécdota, narrada por Plutarco,[8] de Estilpón, uno de los discípulos de Sócrates. Cuando Demetrio conquistó Megara, quiso demostrar al filósofo su buena voluntad e indemnizarle por el saqueo de su casa, de modo que le rogó que le presentase una lista con todos los bienes que sus hombres le habían sustraído. Este respondió con ironía: «Nadie me ha quitado ningún bien puesto que no veo que se hayan llevado mi sabiduría». Lo que realmente poseemos, nuestro auténtico patrimonio, es solo aquello que ningún tirano puede arrebatarnos. El hombre ha nacido para conocer el bien; esta es su auténtica sabiduría y su más alta dignidad.

Kaloskagathos es un concepto que fusiona la ética con la estética y que expresa la posibilidad de construcción de un yo virtuoso. Mientras el término *kaloskagathos* evolucionaba en su significado desde el guerrero noble hasta el buen ciudadano, la palabra *paideia* sufriría una mutación similar, dejando de designar la crianza del niño para empezar a denotar la educación de las virtudes cívicas, que es la misión de la filosofía.

La belleza del *kaloskagathos* socrático es muy superior a la divinidad de un cuerpo perfecto. La excelencia de ese hombre interior únicamente se la puede contemplar en una acción que es bella porque es honrada, justa, valiente, equilibrada y sabia. Ese era precisamente el hombre que Diógenes de Sínope buscaba de manera infructuosa por las calles de Atenas, a plena luz del día, con una lámpara encendida. Los ciudadanos de entonces no entendieron la sátira del filósofo, y por eso el cínico apartaba a bastonazos a los que se acercaban y les decía: «He dicho un hombre de verdad, no caricaturas de hombre». ¿Le resultaría más fácil a Diógenes encontrar a su hombre en nuestras calles? ¿Habita en nosotros ese ciudadano emancipado, valiente, moderado, sabio y justo? ¿Habita al menos el deseo de llegar a serlo? ¿Cómo aspirar a una democracia plena sin buenos ciudadanos? Los jóvenes atenienses tenían un claro modelo de hombre bueno al que imitar. ¿A quién imitan los nuestros? ¿Quiénes son sus referentes?

Ejemplaridad

Cierto es que hoy seguimos exigiéndonos ejemplaridad, sobre todo en la vida pública. Pero la ejemplaridad es una virtud meramente formal que remite a la capacidad para emular un modelo que hace de ejemplo de conducta. Lo que se ha de evaluar es la bondad del modelo y su ajuste a la naturaleza humana, no la capacidad del individuo para imitarlo. Un «buen nazi» puede destacar por su ejemplaridad con respecto al Führer, un terrorista con respecto a un determinado concepto de hombre de fe y un estúpido con respecto al ideal de la estulticia que describió con tanta brillantez Tomás Moro.

Pues bien, no parece que tengamos un modelo compartido de hombre bueno; más bien parece que hemos apostado por una sociedad en la que cada cual nos otorgamos el derecho a elegir nuestro ejemplar y el deber de tratar todos los modelos con igual dignidad. Sin duda, la tolerancia es una virtud cívica, necesaria para que pueda practicarse el diálogo democrático que conduce a la identificación y la construcción del bien común, pero, como advirtió Aristóteles, toda virtud es un término medio que se destruye por defecto o por exceso, y si en un extremo se encuentra la intolerancia del fascismo, en el otro se encuentra la tolerancia de lo intolerable. La injusticia, la falsedad o el error no deben ser tolerados. Que aún desconozcamos la verdad objetiva sobre ciertos asuntos no significa que tengamos que aceptar que todos los discursos son relatos con el mismo valor. No saber aún quiénes debemos ser no implica que no sepamos con absoluta certeza quiénes no debemos ni queremos ser. Como apunta agudamente Victoria Camps,[9] el ingenuo optimismo del *laissez faire, laissez passer* no tuvo en cuenta entre sus previsiones a Hitler o a Stalin. A las palabras de Camps añadiría que cuando hacemos de la tolerancia un valor absoluto, nos deslizamos hacia el frío nihilismo en el que ninguna virtud puede florecer porque donde todo vale lo mismo, nada tiene valor.

Hoy en día, ser tolerante ya no es tanto un respeto hacia el otro sobre aquellos asuntos privados que «ni me van ni me vienen» como una absoluta falta de principios, convicciones y valores que regulan la conducta. Bajo la excusa de la tolerancia algunos pretenden justificar su más absoluta irresponsabilidad. Convertir la pluralidad en un valor absoluto acarrea como consecuencia inmediata no poder compartir ningún otro valor y, por tanto, destruir todo intento de crear una comunidad de ciudadanos.

El fin que nos orienta ya no es una imagen ideal de ser humano bajo la que tiene sentido hablar de virtud y vicio, sino la homogeneidad de estilos de vida que imponen las normas de mercado. En ese ambiente, señala Camps, «es fácil que la tolerancia sea ejercida equivocadamente, donde no se debe ejercer. O que se convierta en indiferencia con respecto a todo. Cuando el criterio debería ser el de consentir y tolerar todo aquello que pueda enriquecer y ampliar nuestra común noción de justicia, y no tolerar, en cambio, lo que entorpece o ensombrece los ideales teóricamente asumidos como constitutivos del concepto de justicia».[10]

No me cabe duda de que debemos ser tolerantes con respecto a todo aquello que es intranscendente para el bien común y aplaudir como un progreso moral la certeza de que sobre ciertas esferas de la vida no existe una conducta verdadera, sana o virtuosa. No hay, por ejemplo, una manera correcta de amar o de disfrutar de la sexualidad. Sobre estos asuntos, imponer un único modelo resulta intolerante. Pero ¿son todas las formas de ser humano igualmente válidas? ¿Se puede afirmar, por ejemplo, que la pederastia es una de las múltiples formas en las que se concreta la sexualidad humana y que no solo debe ser tolerada, sino que ha de ser tratada con la misma dignidad que el resto de las prácticas? ¿Tiene el mismo valor ser justo que injusto, cobarde que valiente, libre que alienado? ¿Es posible ofrecer a nuestros jóvenes un ideal de ser humano que les impulse para que puedan llegar a ser lo que realmente son?

Una vida en gerundio

Lo cierto es que con la escuela plural hemos dejado a nuestros alumnos huérfanos de modelos. Ya nadie parece saber qué es un hombre bueno ni un buen ciudadano. Los jóvenes quedan abandonados en barcas repletas de comodidades pero sin brújulas, sextantes ni mapas con los que orientar el rumbo de sus existencias, quedando así a la deriva en un mar, el de TikTok, en el que el *tiktoker* de turno hace uso de las corrientes para engañarles con su canto y dirigirlos contra los escollos del consumismo donde son presas fáciles de las grandes marcas.

A falta de un *kaloskagathos* moderno, el *tiktoker* se erige en un modelo para ellos, pero ¿modelo de qué? De éxito sin esfuerzo, de virtud desvirtuada, de felicidad reducida a mero consumo.

El *influencer* es una campaña publicitaria de carne y hueso, un líder de opinión al servicio de las grandes marcas. Durante la Segunda Guerra Mundial, la teoría de la comunicación en dos pasos evidenció el papel decisivo que tiene el líder de opinión para que un mensaje cale en la población. El líder de opinión ejerce una mayor influencia por ser un personaje carismático, reconocido, y por funcionar como representante de un grupo. Busca la confianza y la empatía de las masas a través de referencias compartidas y de un tono cercano siempre adaptado a las circunstancias. Las marcas comenzaron utilizando mascotas y personajes famosos como portavoces de sus discursos; sírvanos como ejemplo Tony the Tiger inventado en 1952 por Frosted Flakes. Estas figuras mejoraban la imagen de la marca, la acercaban al consumidor y facilitaban su identificación.

Sin embargo, con la llegada de internet, las marcas comenzaron a utilizar a los propios consumidores como embajadores de sus productos. Los contenidos que generaban los usuarios de redes sociales se convirtieron en una publicidad barata y eficaz. Nació así el *tiktoker*, el *streamer*, el *youtuber*, el *instagrammer*... Si la engatusadora Venus fue engendrada cuando el dios del tiempo desgarró los genitales de su padre y los arrojó al Mediterráneo, el *influencer* nació cuando el dios mercado vertió el consumo sobre el mar de la red social.

El propio Adam Smith ya predijo su advenimiento cuando afirmó que en nuestra sociedad, frente a la minoría que es capaz de admirar la virtud y el buen juicio, la gran masa admira a los ricos y los famosos, y lo que parece aún más extraordinario, lo hacen de forma desinteresada. Tristemente, la adulación y la falsedad son más apreciadas que la competencia y el mérito. Las gracietas y las frívolas hazañas de esa cosa impertinente y alocada que Adam Smith llamaba «el hombre de moda» —y nosotros, los *influencers*— son, por lo general, más admiradas que las sólidas virtudes.[11]

El *influencer* vende un exitoso estilo de vida al que puede llegarse sin la necesidad de pagar el fatigoso peaje del sudor cantado por Hesíodo. Si los dioses nos obligan a recorrer un largo y empinado sendero para alcanzar la virtud, el *influencer* propone a nuestros jóvenes un atajo: el consumo. Consumir lo que él tiene es el camino más eficaz, directo y placentero para conquistar tanto el éxito como la felicidad. A la cumbre en la que habita se llega consumiendo, una forma verbal que indica que la acción se produce simultáneamente a la del verbo principal. En su discurso, consumir y tener éxito ocurren a la vez, y así como nos entretenemos jugando, somos mejores consumiendo. Consumir, en su forma de gerundio, se convierte en un tipo de actividad constante e inacabada que no debe cesar si se quiere permanecer en el estado deseado.

En la mayoría de las ocasiones es preciso que el sujeto del gerundio coincida con el sujeto de la acción principal, lo que presupone que felicidad y consumo deben entenderse como un asunto individual. En el consumo no hay vida social, no existe una comunidad de consumidores.

Consumir no es una actividad como enseñar o jugar al fútbol, en las que el otro es condición necesaria para llevarla a cabo. Se consume desde el mismo dispositivo individual con el que se contempla y se admira al *influencer*.

Además, el gerundio convierte al verbo en un complemento circunstancial de la acción principal, de lo que se sigue que el consumo es la circunstancia (el tiempo, el lugar, la finalidad, la causa, el instrumento, la compañía, la materia, la cantidad y el beneficiario) en la que se producen tanto el éxito como la felicidad. Sobre este asunto, nada nuevo bajo el sol. Tan solo recordar que los antiguos tiranos griegos ya idearon un plan para desactivar la democracia: convertir el Ágora en un mercado y al ciudadano en un consumidor. El tiempo libre ya no servía para deliberar y decidir; el bien común fue eclipsado por los bienes de consumo, y la actividad política, por la cual el ciudadano se sentía dueño de sí mismo, fue reemplazada por el consumo, por el cual solo se sentía dueño de cosas.

Pero dejemos por el momento la antigua Grecia y volvamos a nuestro personaje. Un *tiktoker* no es más que la historia que envuelve un producto. El mercado lo usa para establecer el objeto de deseo y cómo conseguirlo. Lo bello, lo joven y lo saludable que el *tiktoker* posee puede adquirirse sin fatiga, en el mismo instante en el que se despierta en nosotros ese deseo, es decir, con un simple clic en la pantalla de nuestro dispositivo. A continuación, un algoritmo se encargará de facilitarnos la tarea de buscar dónde podemos comprar la mercancía que se nos ha incitado a desear. El camino del *tiktoker* es cómodo, breve, sencillo, no exige esfuerzo y, sobre todo, tal como él mismo señala, es inmediato.

La cuestión que debiera ocuparnos (y preocuparnos) no es que los jóvenes quieran dedicarse al mundo de la publicidad, sino que quieran ser publicidad, deshumanizándose con ello. Zygmunt Bauman ya nos lo advirtió cuando escribió que «la característica más prominente de la sociedad de consumidores —por cuidadosamente que haya sido escondida o encubierta— es su capacidad de transformar a los consumidores en productos consumibles».[12] El camino del consumo atrae a nuestros jóvenes porque no es encrespado, sino descansado y placentero. No obstante, deberíamos advertirles de que no es un atajo, ya que, como la cinta de Moebius, no acaba nunca, no conoce final. El camino del *tiktoker* no conduce a ningún sitio y obliga a estar caminando sin descanso hasta que un buen día la fatiga de vivir en el gerundio les alcanza.

Vivimos en una sociedad de consumo que promueve en todos sus miembros la incesante búsqueda de satisfacción de los deseos que ella misma crea y estimula para mantenerse constantemente en funcionamiento. Publicita y promete una «vida feliz» que consiste en la satisfacción máxima, aquí y ahora, de todos los deseos. Pero, a la vez, la sociedad de consumo requiere frustrar una satisfacción definitiva para así garantizar un deseo en gerundio que sostenga el sistema. El querer del individuo se ve transformado en el combustible que mantiene siempre en marcha el motor del sistema productivo. Lo más reseñable es que esta enajenación del deseo no se consigue por medio de la coerción al individuo, sino a través de la adulación y la estimulación, la multiplicación y la seducción de sus apetitos. Y este es justamente el papel que cumple el *influencer* dentro del sistema. Su *lifestyle*, nuevo y diferente, ofrece la ilusión de que se puede consumir, en lugar de construir, la propia identidad.

El *influencer*, el nuevo adulador, muestra un camino no explorado hacia la felicidad. Sus filtros subrayan y valoran lo nuevo a la vez que invitan a desechar y sustituir lo antiguo. Lo viejo es una rémora obsoleta que impide experimentar las nuevas oportunidades de felicidad. Pero aunque los *influencers* se presenten como distintos y especiales, no son ni lo uno ni lo otro. No albergan diferencias sustanciales entre ellos. Son en esencia lo mismo, ya que interpretan el mismo discurso: la obediencia a un sistema que condena al individuo a un consumo perpetuo al definir la felicidad como la satisfacción de todos los deseos posibles. Y como lo posible es siempre infinito, el consumo ha de ser eterno.

Los diferentes relatos de todos estos *influencers* no son más que expresiones diversas de un mismo discurso que afirma los valores hegemónicos. Parafraseando a Jean-François Lyotard, podríamos afirmar que un *influencer* es un *microrrelato* con una función legitimadora. Su vida digital es un mito, no en el sentido de fábula o falsedad, sino en el de que sus narraciones legitiman las instituciones, las prácticas sociales y políticas, las legislaciones, las éticas y las maneras de pensar por medio de una promesa de plenitud. Sus aparentes diferencias homogeneizan a nuestros jóvenes porque el medio que usan para distinguirse es siempre el mismo: consumir.

Pero volvamos a la virtud y preguntémonos lo siguiente: ¿cuáles son las excelencias que distinguen a este *kaloskagathos* posmoderno? La única «virtud» que el *tiktoker* parece poseer es la de dominar la economía de la atención: saber cómo moverse en el agitado mar de TikTok para pescar seguidores. Es bueno entreteniendo. La palabra *entretener* está construida a partir del verbo *tener* que proviene del latín *tenere* y que significa «dominar» o «retener»; dicho de otro modo, expresa la idea de dominar o retener la atención de alguien. Cuando dejamos que se nos entretenga, perdemos el control sobre nuestra atención. A través de la pantalla, el *tiktoker* abduce la conciencia del joven, le distrae y anula esa comunicación con uno mismo que permite la construcción de un yo estable y auténtico. Esta «virtud» para entretener le otorga el poder de influir en las decisiones de sus seguidores, pero en ningún caso puede ejercer de autoridad para nuestros jóvenes. Recordemos que, en su sentido etimológico, la autoridad remite a la capacidad de hacer que algo crezca y prospere. La autoridad es la cualidad creadora de la persona. El que posee autoridad no destruye al otro, sino que lo hace madurar y expandirse como ser humano.

Toda educación en la virtud debe ser autoritaria, no en el sentido de imponer ideas por la fuerza, sino en el de proponer un ejemplo de vida que aumente, promueva y haga progresar a la persona, pues los niños crecen observando e imitando modelos que toman como punto de referencia. Tener autoridad supone auxiliar, completar, ampliar, apoyar, consolidar, enriquecer, perfeccionar y dar plenitud a algo. Los romanos distinguían la *auctoritas*, la forma de ser que supone un bien para otro, de la *potestas*, la capacidad de imponer.

Sócrates tenía *auctoritas* sobre Antístenes, Antístenes sobre Diógenes, Diógenes sobre Epícteto y Epícteto sobre Arriano porque, usando los términos de nuestro enemigo, el *lifestyle* del maestro supuso una referencia y un impulso para el crecimiento del discípulo como ser humano. Y no por ello fueron los discípulos una copia exacta de sus maestros, sino que tomando a estos últimos como puntos de referencia en una travesía o como varas que guían el crecimiento de algunas plantas, cada uno pudo llegar a ser un ejemplo singular de virtud.

Sin embargo, nuestra actual educación dista mucho de desarrollarse en la virtud, ya que el adulto, por miedo a incurrir en el autoritarismo, no solo rehúye de la *potestas* sino también de la *auctoritas*, y con ello abdica de su responsabilidad como adulto. Una educación sin referentes claros produce individuos desorientados, al igual que una educación sobreprotectora genera seres débiles. Hannah Arendt supo ver en los años cincuenta el germen de la crisis de la educación que estamos sufriendo,[13] y afirmaba que los adultos tenemos la responsabilidad de introducir al niño en nuestro mundo, que es nuestro, nos guste o no.

Educar es enseñar a los niños a cómo manejarse en el mundo siendo autoridad para ellos. El niño nos reclama protección frente al mundo, y el adulto tiene la doble responsabilidad de asegurar el desarrollo del niño y la continuidad del mundo. Pero los adultos hemos abolido la autoridad, lo cual solo puede significar una cosa: que rehusamos asumir la responsabilidad del mundo en el cual hemos colocado a los niños. Arendt es demoledora cuando afirma que «es como si los padres dijeran cada día: "En este mundo, ni siquiera en nuestra casa estamos seguros; la forma de movernos en él, lo que hay que saber, las habilidades que hay que adquirir son un misterio también para nosotros. Tienes que tratar de hacer lo mejor que puedas; en cualquier caso, no puedes pedirnos cuentas. Somos inocentes, nos lavamos las manos en cuanto a ti"». En este mundo sin autoridad, el niño no se emancipó, todo lo contrario; quedó sujeto a una autoridad mucho más aterradora y tiránica: la de la mayoría.[14]

El número de *likes* y de visualizaciones del *tiktoker* le otorga una *potestas* sobre la atención del niño que este confunde como *auctoritas*. Y así, el niño entiende que para abrirse paso en el mundo debe replicar el peculiar estilo de vida del *tiktoker*: transmitir en directo la vida privada y hacer lo necesario para alcanzar un éxito que se puede cuantificar en número de visitas y traducir en dinero.

Los antiguos modelos lo eran por su vida pública y no por su vida privada. La vida privada era propiedad exclusiva del individuo y una frontera que el objetivo de una cámara no podía rebasar. Los nuevos modelos, en cambio, obtienen su fama haciendo pública su vida privada y creando con ello una falsa impresión de cercanía en sus espectadores. El *influencer* se erige en modelo no por la posesión de ninguna virtud, sino por la confianza que produce la falsa sensación de estar compartiendo su intimidad con los demás.

Tanto en el Ágora de la antigua Atenas como en el estadio de Olimpia se miraba (y admiraba) a los hombres más divinos para que su reflejo impulsase a todos a ser mejores. El griego sabía que cuando los jóvenes miran y admiran a los buenos se hacen mejores. A nuestros jóvenes, en cambio, nadie les ha enseñado a hacerlo y, por ello, atraídos por el resplandor de los filtros de realidad, miran al *influencer* y desean tanto su estilo vida como su ocupación. Anhelan un eterno hedonismo infantil y un reconocimiento sin esfuerzo. Pero cuando descubren que todo es una quimera, caen en la frustración y la culpabilidad.

Es hora de enseñar a nuestros jóvenes a mirar y a admirar bien, e invitarles a usar sus pantallas para viajar a la antigua Grecia, porque, como afirmaba Schlegel, todo el mundo ha encontrado en Grecia lo que estaba buscando; especialmente a sí mismo. La sociedad griega fue un oasis de virtud y, por fortuna, hoy conservamos algunos de sus productos. Los griegos no solo crearon obras virtuosas, sino que ellos mismos fueron obras de virtud. La virtud edificó la Acrópolis, compuso *Antígona*, redactó la primera Constitución democrática y se interrogó a sí misma sobre qué es la virtud y cómo se adquiere.

Estas obras de virtud nos siguen mostrando aún hoy las formas más elevadas de ser humano, y por eso es más valioso el estudio de las humanidades que aprender a manejar una tecnología obsolescente, si lo que realmente queremos es que nuestros jóvenes alcancen la plenitud en su desarrollo. Ahora bien, si nuestro único objetivo es capacitarlos para ser productores competentes de mercancías durante su tiempo de trabajo y consumidores durante su tiempo de ocio, dejemos las cosas como están y sigamos mirando y admirando a los *influencers*.

2

Homero: virtuoso se nace

Ser siempre el más valiente y preeminente.

Homero, *Ilíada*

Por lo tanto, Glaucón, cuando encuentres a quienes alaban a Homero diciendo que este poeta ha educado a toda Grecia, y que con respecto a la administración y educación de los asuntos humanos es digno de que se le tome para estudiar, y que hay que disponer toda nuestra vida de acuerdo con lo que prescribe dicho poeta, debemos amarlos y saludarlos como a las mejores personas que sea posible encontrar.

Platón, *La República*, 606e

El bueno no es feo ni malo

Odiseo, Aquiles y Áyax son modelos de excelencia humana. Poseen una superioridad que les hace descollar sobre la mediocre masa. Los héroes homéricos atesoran una *areté* física que les distingue en el campo de batalla: potencia, salud, vigor y destreza en el manejo de las armas, y una *areté* espiritual que les hace brillar en la asamblea cuando toman la palabra: nobleza, coraje, refinamiento y sabiduría.

Como Héctor, Diomedes o Agamenón, descienden de una buena estirpe, tienen como norma de vida la excelencia y han alcanzado el *summum* de su humanidad convirtiéndose en algo más que hombres. Traspasando sus límites naturales han llegado a ser hombres que han superado al hombre.

Eneas, Menelao y Néstor combaten para adquirir las virtudes del superhombre: honra (*timé*), gloria o fama (*kleos*), elogio (*epainos*), libertad (*eleuthería*), justicia (*dike*) y, sobre todo, valentía (*andreía*). Todos ellos ansían diferenciarse, aman todo lo que se eleva e integran la belleza y la bondad en sus cuerpos y en sus almas. Su nobleza se testimonia en las hazañas de que son capaces cuando combaten, en el liderazgo natural que poseen cuando mandan y en la extraordinaria prudencia con la que disfrutan de su vida ordinaria.

Los 27.293 hexámetros compuestos por Homero son un canto a la virtud, que el poeta entiende como una fuerza o una capacidad que no solo está presente en los hombres, sino en todo ser que se distingue entre sus iguales. Tanto en la *Ilíada* como en la *Odisea* podemos encontrar *areté* también en los caballos y los perros de buena raza, en las armas formidables y, por supuesto, en los dioses.

En el mundo homérico, las cosas se valoran en función de la tarea que deben cumplir. La virtud, por tanto, está relacionada con las aptitudes propias de cada ser. En los hombres, la virtud es el rasgo que identifica a la nobleza; por este motivo, solo la poseen aquellos que forman parte de la aristocracia guerrera. Para Homero, hay hombres de buena raza al igual que perros o caballos. En el canto XX de la *Ilíada*, cuando Eneas y Aquiles se encuentran, antes de batir el bronce, se reconocen mutuamente como dignos rivales recordando la altura de sus linajes. El héroe troyano comenta al pélida de pies ligeros:

> Los dos conocemos nuestro linaje, así como también conocemos a nuestros progenitores de tanto oír sus famosas hazañas de boca de los mortales. [...] Esta es la estirpe y esta es la sangre de la que me precio de ser.[1]

La aristocracia es una condición que solo da la sangre. La virtud en Homero no tiene un sentido moral. Su significado hace referencia a la destreza, la habilidad y, sobre todo, el valor heroico por el que destaca el hombre de noble cuna y buena raza.

El hombre ordinario ni posee *areté* ni puede aspirar a ella. El propio lenguaje que habla así se lo recuerda: *areté* comparte raíz con el término *aristós* que significa el mejor entre los mejores, el más distinguido y el selecto. Su plural se usaba para referirse a la clase social de la nobleza guerrera, a la que se pertenecía por vínculo de sangre. A esta clase se accedía con el nacimiento. No existía ningún ascensor social que permitiese la movilidad vertical porque, a los ojos de Homero, de igual manera que no es posible hacer de un rocín un purasangre, no hay manera de dar nobleza al hombre que los dioses hicieron vulgar. La virtud solo le pertenece a una élite, una clase cerrada consciente de sus privilegios, de su educación superior, de sus refinadas costumbres y de su sofisticada forma de vida. De hecho, la *areté* en Homero también hace referencia al código caballeresco.

Esta identificación homérica de la virtud con el valor heroico y con la hombría propia del guerrero se conserva como una especie de vestigio en nuestro término *virtud*, el cual deriva del vocablo latino *vir* («varón»), que a su vez proviene de *vis* («fuerza»). De esta manera, en un sentido originario, la virtud es la fuerza propia del varón. Por continuar con los vestigios, deberíamos tener en cuenta que nuestra palabra *mujer* deriva del término latino *mulier* que se relaciona con el adjetivo *mollis*, cuyo significado es «blando» o «aguado» y cuya raíz encontramos en otras palabras como *mullido* y *molusco*. El término *mujer* lleva en sus entrañas la imagen de «sexo débil» frente a la fortaleza del varón. No creo que esta sea una anécdota banal, ya que nuestro lenguaje tiene un poder performativo. No hablamos un lenguaje, sino que es él quien habla de nosotros. El lenguaje estaba ahí mucho antes de que emitiéramos nuestra primera palabra. Nuestra humanidad solo puede germinar en una comunidad lingüística. Hablamos con las palabras de otros. Somos portadores de significado, constructores de significado y producto del significado. Con palabras creamos el mundo que habitamos y que termina de configurarnos. De modo que entender nuestras palabras es entendernos a nosotros mismos.

Pero dejemos el lenguaje y volvamos a nuestra historia.

El noble tenía la responsabilidad, más aún, la obligación moral de actuar conforme a su naturaleza, en coherencia con sus aptitudes naturales. En el corazón del noble latía, junto a la pureza de su sangre, un sentido del deber que le obligaba a encarnar un ideal. Su conducta debía ser, en todo momento, bella y buena. Cada instante se convertía en una ocasión adecuada para ser egregio ante sí mismo y ante sus iguales. La adversidad se entendía como una oportunidad para traspasar los propios límites. La virtud era para el *aristós* el fin último de cualquier acción, el único bien que merece la pena perseguir en la vida, el único valor al que todo debe subordinarse.

El resto de las cosas solo son buenas si acercan a la virtud y malas si alejan de ella.

Los *aristoi* homéricos formaban un selecto grupo que se elevaba muy por encima de la masa, sentían una conciencia y un orgullo de clase fundados en el nombre y las hazañas de sus antepasados, y luchaban entre ellos por conseguir el premio de la *areté.* Sus vidas eran una infatigable contienda, un inagotable esfuerzo, una continua carrera por ser el mejor entre los mejores.

Incluso en la paz, los *aristoi* se dedicaban a luchar y a medir sus fuerzas. Homero narra los juegos atléticos organizados por Aquiles para honrar la muerte de Patroclo con el mismo detalle y pasión con los que dibuja los combates de los héroes en el campo de batalla. El difunto, desde su morada en el Elíseo, exige a sus hermanos de sangre una exaltación de la gloria que alcanzó en vida. Los guerreros griegos están acampados junto a Troya, a la que asedian desde hace diez años. Patroclo ha muerto a manos del divino Héctor, a quien mata a su vez Aquiles. Los aqueos se reúnen y forman un gran círculo alrededor del túmulo funerario de Patroclo, y Aquiles saca de sus naves los premios para aquellos que demuestren ser los mejores de entre los mejores: calderas, trípodes, caballos, mulos, mujeres de hermosa cintura y objetos de hierro. Así dan comienzo las pruebas. A la carrera pedestre se presentan los tres varones más veloces: Áyax, Ulises y Antíloco. Aquiles señala la meta y ofrece como premio una crátera de plata labrada. Áyax es el primero en adelantarse, seguido de cerca por Ulises, aunque resbala en el estiércol y se llena de boñiga la boca, situación esta que aprovecha el ingenioso Ulises para pasarle y llevarse el premio. Sin embargo, los tres héroes no compiten por una crátera. En realidad, la vasija para mezclar vino es solo el símbolo de la *areté.* El lema que los ha movido a rivalizar es «ser siempre el más valiente y preeminente».

Los juegos organizados por Aquiles debieron celebrarse tres o cuatro siglos antes de la primera Olimpiada y, por lo que sabemos, eran una tradición asentada entre los griegos de época arcaica. Los campeones eran una síntesis del ideal humano que esa sociedad perseguía, un modelo de conducta y una encarnación de la *areté*. Cuando el pueblo los aclamaba, no solo destacaba de ellos las virtudes físicas, sino también las espirituales: el coraje, el valor, la habilidad, la nobleza, la bravura, la templanza, el equilibrio, la serenidad, la disciplina, el autocontrol, el dominio de uno mismo, etc. El campeón era la prueba fehaciente de que podían traspasarse los límites de lo humano.

La educación homérica

Los griegos de las sociedades heroicas diseñaron un proceso educativo para que los jóvenes pudieran sobrepasar sus límites y alcanzar la virtud. La *paideia* homérica desarrollaba por igual las facultades corporales y espirituales, buscando con ello un despliegue integral de la naturaleza humana. El educador de Aquiles, el viejo Fénix,[2] le recuerda en un momento de turbación el fin para el que ha sido educado: pronunciar palabras nobles y realizar acciones nobles. Aquiles es el prototipo de ser humano que la educación homérica pretende labrar en los cuerpos y en las almas de los jóvenes privilegiados. En la curtida piel del pélida de pies ligeros, la virtud resplandece en toda su integridad. Aquiles destaca frente a Ulises, genio de la palabra pero pobre de acciones, y Áyax, prototipo de hombre de acción con poca capacidad para la reflexión, en donde la virtud queda coja. La *paideia* era exclusiva de los nobles. Solo los hombres de buena raza podían acceder a la cultura elevada.

La educación heroica combinaba la preparación física a través de la gimnasia, el cultivo de las artes musicales (canto, danza y la lira), el dominio de la lengua con el objeto de saber expresarse bien, con belleza y precisión, y lo más importante: la formación moral del carácter que trataba de incorporar a la naturaleza del individuo las virtudes de la bondad, la nobleza y la piedad. Era ante todo una educación de la interioridad, es decir, una formación de la personalidad noble y heroica. La conducta virtuosa y la forma de vida excelsa eran las maneras en las que se dejaba ver el hombre interior que Homero había ido modelando de acuerdo con su arquetipo.

Los poetas, los educadores de la Grecia arcaica, supieron despertar en los jóvenes el sentimiento de admiración al ideal. Todo niño griego quería ser Aquiles; el modelo del héroe siempre estaba presente, orientándole sobre cómo debía comportarse o cómo tenía que hablar. El secreto de la educación homérica fue que los poetas supieron sembrar en el alma de los niños un profundo amor y una sagrada veneración hacia el *kaloskagathos*.

Esta educación en la virtud estaba vinculada al cultivo de una afección del alma: el *honor*. De hecho, Aristóteles advierte que la sed de honor era, por aquel entonces, una búsqueda inconsciente de la *areté*, ya que los que querían ser honrados deseaban serlo solo por aquellos de virtud superior.[3] Educar en el honor implica, a su vez, educar en y desde la comunidad. El hombre homérico ve su valía reflejada en los ojos de sus semejantes, y es en el espejo de la sociedad a la que pertenece donde mide la altura de su *areté*. Es de los otros de quienes se espera el reconocimiento. La negación del honor y la reprobación por parte de la comunidad se considera una tragedia.

No hay lugar para el individualismo en el mundo homérico, el yo es una piedra en el edificio de la comunidad que lo protege y le da sentido. El individuo es una parte de un cuerpo, y sabe que su salud es la salud del todo. No hay lugar para la conciencia individual. La identidad se construye desde la pertenencia al grupo. El individuo fuera de la comunidad destila el olor putrefacto de miembro cercenado. Fuera de la comunidad no hay vida humana digna. Actuar con honor es, por tanto, actuar al servicio de la comunidad a la que se pertenece. Es esta «común-unidad» la que elogia o reprende, y es a ella a la que se reclama el honor debido. La común-unidad siembra en los jóvenes el afán de distinguirse y la aspiración al honor a través de los relatos de los héroes, cuyo máximo exponente es un Aquiles que abandona la inmortalidad y la vida placentera que le ofrece el gineceo para morir con honor en el campo de batalla. Esto no debe llevar a error: en Aquiles no hay ningún mártir. Los héroes homéricos aman poderosamente la vida y sienten cada instante con absoluta pasión. Pero, para ellos, la vida no es el bien supremo, y afanarse en conservarla a toda costa no la dota ni de sentido ni de dignidad. Es preferible arriesgar la vida realizando una acción noble que desperdiciarla en una existencia indolente, insignificante y carente de sentido. Por eso el héroe emplea todas sus acciones, bienes, aptitudes, habilidades, esfuerzos, energías y, en definitiva, hasta su propia vida en lograr honor.

El honor es el premio de la *areté*, el justo tributo pagado a la grandeza puesta al servicio de la comunidad. Esta sed de honor solo puede entenderse desde un intenso sentimiento de amor propio, pero no al yo actual, sino a la belleza que descolla en el yo ideal. Sentirse atraído por el honor es enamorarse de ese ser superior que llevamos en las entrañas. Aspirar al honor es querer adueñarse de esa belleza superior. Solo el que ama su verdadero yo puede emplear cada instante de la vida en llegar a ser el que es. Solo el que se ha enamorado de la mejor versión de sí mismo se atreve a traspasar los límites impuestos. Solo por causa del amor propio uno se aventura a buscar la virtud más alta.

La poesía de Homero no era tanto un arte como una pedagogía de la virtud, puesto que sus héroes son la encarnación de un ideal ético. En la antigua Grecia, poesía y educación eran sinónimos. Por poesía debemos entender el contenido de todo el acervo cultural que la educación griega pretendía transmitir y que hoy encontraríamos en los libros de texto. La *Ilíada* y la *Odisea* representaban un «depósito de conocimientos útiles, de enciclopedia ética, de la política, de la historia y de la tecnología, puesta a disposición del ciudadano, para que este la incorporase al núcleo de su utillaje educativo».[4] Los textos homéricos fueron, sin lugar a dudas, el manual educativo helénico por excelencia.

Los poetas en general y Homero en particular eran considerados la fuente para la instrucción del carácter del ciudadano. La poesía cumplía el papel que en nuestra sociedad desempeñan la educación en valores, por una parte, y los libros de texto, por otra; era a la vez fuente de información y sistema de adoctrinamiento. La cultura griega hasta los tiempos de Platón era esencialmente oral. Por supuesto que había libros y que muchos ciudadanos sabían leer, así lo prueba el hecho de que, en el siglo v a. C., las leyes se escribían y se exponían públicamente para ser consultadas por los ciudadanos. Las disposiciones legales se inscribían sobre piedra o bronce no solo para lograr un efecto simbólico, sino con el firme propósito de que fueran leídas por un sector bastante extendido de la población. Pero como podemos ver en las críticas de Platón a la poesía oral, la introducción del alfabeto supuso muy pocos cambios en el sistema educativo. La cultura griega seguía siendo eminentemente oral y la poesía, el mejor instrumento para conservar y transmitir el conocimiento a través del recurso nemotécnico del ritmo.

En la memoria viva de los hombres se guardaba un sistemático y pormenorizado tratado de ética, de política y de estrategia militar. La memoria colectiva de una comunidad se construye a través de la suma de las memorias de los individuos que la conforman. Los versos de Homero pintan con palabras lo que somos y cómo debemos comportarnos. La épica cincela en el corazón una serie de paradigmas de lo que hay que hacer y sentir, en contraposición a lo que no debe hacerse y sentirse. Quien memoriza y recita los versos que narran las hazañas de Aquiles se «trans-forma» en Aquiles y lo revive de alguna manera; sus almas y sus ánimos se identifican y brindan la oportunidad de vivir una experiencia «trans-formadora».

No es exagerado decir que Homero fue el gran educador de Grecia, ya que, como afirma Eric A. Havelock, la historia de la poesía griega es también la historia de la educación griega. El propio Platón, antes de reclamar el liderazgo docente, reconoce que este fue pasando de manos de Homero a Hesíodo, los poetas trágicos y los sofistas. En la época de Solón, Pisístrato revisó y normalizó el texto homérico que los niños debían aprender a memorizar y recitar. Con esta enciclopedia homérica, los jóvenes eran educados en el correcto modo de sentir, actuar y hablar; paradigmas del comportamiento, los valores y las normas sociales; los usos y las costumbres; el derecho consuetudinario y la organización social, las creencias y los ritos; las relaciones sociales y jurídicas entre los miembros de la comunidad, así como el código de honor que regula las interacciones con los amigos, los enemigos, los familiares, los vecinos, etc.

Los hexámetros de Homero, almacenados en la memoria del corazón, no describen, sino que prescriben[5] una ética de la virtud cuyo precepto fundamental es llegar a ser el que eres, es decir, admirar el mejor estado y esforzarse en llegar a él. De ahí que su poesía se usase (y se siga usando) para la educación de los futuros líderes. La educación homérica no ha perdido su eficacia porque su poesía es capaz de penetrar en las cavidades más profundas del alma y encender allí un fuego: el ardiente anhelo por la imagen ideal y universal del ser humano. Lo que Homero narra a los jóvenes de cualquier tiempo y lugar es la heroicidad de un muchacho admirable que, plenamente consciente, prefiere una vida virtuosa pero corta y exigente a una vida larga y cómoda pero mediocre. Lo que Homero enseña a todo joven es que la única grandeza es la grandeza moral.

3

Hesíodo: virtud y sudor

> Yo sé lo que te conviene, gran necio Perses, te lo diré: de la maldad puedes coger fácilmente cuanto quieras; llano es su camino y vive muy cerca. De la virtud, en cambio, el sudor pusieron delante los dioses inmortales; largo y empinado es el sendero hacia ella, y áspero el comienzo; pero cuando se llega a la cima, entonces resulta fácil por duro que sea.
>
> HESÍODO, *Los trabajos y los días*, 287-292

LOS ZUECOS DEL HÉROE

Junto a Homero, Hesíodo es el otro gran educador del mundo helénico. Su gran aportación fue la de cantar las gestas del hombre corriente, invitándonos a todos, caballeros y plebeyos, a cultivar la virtud. Hesíodo nos descubre que no es condición necesaria la pertenencia a la selecta casta de la nobleza guerrera para alcanzar la *areté*; por lo tanto, no hay excusas: la virtud está al alcance de cualquiera que esté dispuesto a esforzarse. No es condición *sine qua non* embarcarse en una odisea para buscar hazañas que inmortalicen nuestro nombre, ya que, como intenta enseñarle a Perses, su contumaz hermano menor, también hay heroísmo, honor y gloria en la lucha silenciosa, continua e infatigable del agricultor que trabaja la tierra. Algo que bien supo ver Martin Heidegger cuando, al contemplar el cuadro de Van Gogh *Zapatos viejos*, escribió que en esos zapatos usados por una labriega durante su día de labor en el campo

> bosteza la fatiga de los pasos laboriosos. En la ruda pesantez del zapato está representada la tenacidad de la lenta marcha a través de los largos y monótonos surcos de tierra labrada sobre los que sopla el viento ronco. En el cuero está todo lo que tiene de húmedo y graso el suelo. Bajo las suelas se desliza la soledad del camino que va a través de la tarde que cae. En el zapato vibra la llamada de la tierra, su reposado ofrendar del trigo que madura y el yermo campo en baldío del invierno. Por ellos cruza el mudo temor por la seguridad del pan, la callada alegría de volver a salir de la miseria, el palpitar ante la llegada del hijo y el temblar ante la inminencia de la muerte en torno.[1]

¿Qué diferencia hay entre el zapato del campesino y el escudo de Aquiles? Ninguna, afirmaría Hesíodo.

En el canto XVIII de la *Ilíada*, Homero describe cómo Hefesto forja un majestuoso escudo de cinco capas para Aquiles. El dios labra sobre su superficie el cosmos entero: la tierra y el cielo, la paz y la guerra, la vida de la ciudad y la del campo, el trabajo y la fiesta, los hombres y los animales. El río Océano cierra y delimita el borde de un escudo en el que, si prestamos la debida atención, también podemos contemplar todo un mundo. Tanto el escudo como los zapatos son una muestra reveladora del carácter heroico de sus portadores. El escudo es un producto divino dedicado a un mortal, mientras que los zapatos son obra de un mortal que se diviniza con el sudor de su ingenio y su trabajo.

El campo griego ha exigido siempre a sus habitantes una vida dura de labor. El 80 por ciento de Grecia es montaña. Los montes Pindo forman la cordillera central del país con una altura media de 2.650 metros que se prolonga hacia el mar por las islas de Citera y Anticitera para terminar en Creta y en Rodas. De modo que apenas existen amplias llanuras que permitan el cultivo. La historia del campesino griego es la de una guerra constante contra la tierra para sacar, a base de trabajo, lo que esta no está dispuesta a entregar.

Hesíodo canta la virtud de las gentes campesinas y trabajadoras de Beocia en *Los trabajos y los días.* Su poesía democratiza la virtud. Se aleja del estilo épico de Homero porque está más destinada a instruir que a exaltar. El motivo de su poema es convencer a Perses, su hermano menor, derrochador y perezoso, de la necesidad de trabajar como único medio legítimo para eludir la pobreza y el hambre. El necio Perses viene a ser lo que hoy llamaríamos un «nini» que pretende vivir sin trabajar. Su padre fue lo que hoy llamaríamos un «emprendedor», un comerciante de la ciudad eolia de Cime, en Asia Menor, que aunque se arruinó, no se resignó, sino que montó un nuevo negocio en Beocia con el que adquirió una pequeña fortuna. Esta ciudad era un buen lugar para reanudar la actividad comercial, ya que era un famoso centro de culto a las Musas del monte Helicón que atraía periódicamente a gentes venidas de todos los rincones de Grecia.

Perses despilfarró su parte de la herencia, cual hijo pródigo, pero en lugar de regresar a la casa paterna en busca de perdón y trabajo, lo que hizo fue demandar a su hermano para arrebatarle, con malas artes, su parte. Si bien Perses contaba con la ayuda de jueces corruptos, Hesíodo tenía de su lado a las Musas.

La iniciación poética de Hesíodo tuvo lugar mientras trabajaba. Este es un dato revelador de sus ideas sobre cómo se adquiere la virtud que Pablo Picasso sintetizó cuando dijo aquello de que «si llegan las Musas, que te pillen trabajando». Pues bien, a Hesíodo las Musas lo pillaron cuidando sus rebaños de ovejas en las laderas del monte Helicón. Se dirigieron a él y le entregaron una rama de laurel a modo de cetro, símbolo de la misión profética que le estaban encomendando.

El nuevo poeta consagrado comenzó a componer hexámetros con los que disuadir a su hermano de buscar beneficio en la injusticia y encontrar el sustento con el trabajo honrado del cultivo de los campos. Que el hombre tenga que ganarse el pan con el sudor de su frente no es ninguna maldición, todo lo contrario: es un regalo de los dioses, ya que el trabajo es el camino que los inmortales nos ofrecen para llegar hasta la virtud. Un sendero largo y encrespado, sí, pero que no está vetado a ningún mortal.

Advierte Hesíodo que si uno no es capaz de descubrir por sí mismo el sendero hacia la *areté*, lo sensato es pedirle a otro hombre que ya lo haya transitado que le guíe. Ciertamente, cree el poeta, el mejor de los hombres es aquel que medita y reflexiona en cada cosa que será lo mejor; pero también será virtuoso quien se deje enseñar por el que conoce el camino recto. El necio es quien ni conoce por sí mismo el camino a la virtud, ni graba en su corazón las palabras de aquellos que pueden enseñarle.[2]

Hesíodo nos descubre que la virtud no es algo innato, no es un talento o una facultad que los dioses, o la fortuna, otorgan a algunos hombres. La virtud no es algo con lo que se nace, sino algo que se adquiere con el propio sudor. No es fácil adueñarse de ella, ya que requiere esfuerzo, constancia y plena conciencia por parte del alumno, y ejemplos de buena conducta por parte del maestro. La virtud puede enseñarse, pero solo a aquel que la quiera aprender. No es posible guiar a quien no desea llegar a ningún sitio. La educación de la virtud implica un acto consciente de libertad. El aprendiz debe comenzar con voluntad de querer llegar a la virtud. Pero, además, debe ser constante en el camino elegido; primero, porque la virtud no se alcanza inmediatamente, para desgracia de los *millennials*, y segundo, porque fácilmente se pierde, ya que ella es, como veremos con Aristóteles, un hábito o costumbre que, cuando deja de ejercitarse, pierde fuelle. La virtud representa una fuerza o poder que se ha de alimentar constantemente; es un fuego en el seno de nuestra alma que pide ser avivado de continuo y que puede apagarse con facilidad, ya que el camino contrario a la virtud siempre será más grato, placentero, cómodo y agradable.

Hesíodo quiere enseñarle a Perses, su «niño grande», el camino hacia la virtud, y para ello le ofrece todo un catálogo de sabias sentencias que le ayuden a convertirse en un hombre respetable. Asimismo, le regala un calendario de trabajos para que pueda obtener el máximo rendimiento de la tierra.

Hesíodo compuso 828 bellísimos versos para tocar el corazón de Perses e invitarlo a amar la virtud. Pero no parece que las Musas le otorgasen a este la sensibilidad de su hermano mayor, ya que ni uno solo de sus hexámetros surtió el efecto buscado. El poeta también nos enseña que siempre se puede fracasar en la educación de la virtud, ya que nadie sigue a quien no quiere; es decir, no hay aprendizaje si no se quiere aprender. Al necio solo le instruye el sufrimiento.

Hesíodo no puede obligar a Perses a querer la virtud, ni tampoco puede ofrecerle más premio que el de la belleza y la bondad que reside en su misma práctica. La virtud no es un medio, sino un fin en sí mismo; por tanto, de nada sirven los discursos moralizantes que advierten de las nefastas consecuencias o de las gratas recompensas.

La pedagogía de la virtud no se formula en condicional: si eres bueno, entonces no seas malo porque si no... No se enamora a alguien con una lista de pros y contras, y educar en la virtud tiene mucho que ver con enamorar, tocar el corazón, prendar, inclinar y atraer. Y ya sabemos por Ovidio que en las cosas del amor, aunque pueda haber un arte, no se puede forzar al amado; es más, coaccionarlo es perderlo para siempre.

Una lucha fratricida

Hesíodo fracasó con Perses, y los dos hermanos terminaron enfrentándose. El hermano pródigo venció en el terreno de la corrupta y falible justicia de los hombres, pero no en el de la majestuosa y respetable justicia divina, que es la que siempre acaba prevaleciendo. La justicia humana se puede corromper mediante sobornos e interpretaciones torcidas de las normas, pero la justicia divina, que es hija del mismo Zeus, es recta e insobornable, y quien la ultraja se ultraja a sí mismo, quien la corrompe se corrompe a sí mismo, quien trama males para otro hombre trama males para sí mismo.[3] El camino del recto proceder marcado por la justicia de Zeus conduce hacia la virtud y la prosperidad, y el que discurre en dirección opuesta, hacia la violencia y la ruina.

Hesíodo ilustra el sentido de estos dos senderos con la poderosa imagen de las dos Erinias,[4] las ancestrales deidades que los romanos identificaron con las Furias. Las Erinias son una de las divinidades más antiguas del panteón griego. Nacieron de las gotas de sangre con las que se impregnó la tierra cuando Cronos castró con una hoz a Urano, su padre, cuando yacía con Gea, su madre. Con esta genealogía es fácil de entender que los griegos las asociasen a fuerzas primitivas violentas. Han sido representadas como perras furiosas que persiguen a aquellos que han cometido un crimen para vengarse, o bien como genios alados, con serpientes en sus cabellos y portando en las manos antorchas o látigos con los que castigan a sus víctimas, torturándolas de mil maneras y haciéndolas enloquecer. Su misión divina es la venganza del crimen.

Hesíodo intenta enseñar a su hermano que existen dos Erinias, una mala y otra buena. La primera es la discordia y la envidia que engendra conflicto, violencia e injusticia; la segunda no promueve la lucha sino la emulación, ese esfuerzo por imitar o incluso sobrepasar a los hombres dignos de alabanza. Lo que intenta transmitir el poeta con esta alegoría es que el trabajo es la única forma positiva de contienda. Existe una competencia sana que conduce a la virtud y al bienestar, y es aquella que nos hace doblar el lomo y sudar hasta fatigarnos para que la tierra nos dé sus dones. Ella estimula al trabajo incluso al holgazán, pues cuando este ve al hombre rico, no es tan tonto como para no caer en la cuenta de que su buena casa es el justo fruto de arar. Esta buena Erinia es la que ha de sembrarse en el corazón de los jóvenes: que el vecino envidie al buen vecino y que con él compita por ser mejor, que el alfarero compita con el mejor de los alfareros y el artesano con el mejor de los artesanos, porque de esta envidia y de esta contienda nos beneficiamos todos.

El trabajo, insiste Hesíodo, no es ninguna deshonra, todo lo contrario: nos ofrece la posibilidad de alcanzar la *areté* y la estimación de los demás:

> Por los trabajos se hacen los hombres ricos en ganado y opulentos; y si trabajas, te apreciarán mucho más los inmortales y los mortales; pues aborrecen en gran manera a los holgazanes. El trabajo no es ninguna deshonra; la inactividad es una deshonra. Si trabajas, pronto te tendrá envidia el indolente al hacerte rico. La valía y la estimación van unidas al dinero.[5]

Hesíodo, al unir virtud y trabajo bien hecho, rompe las barreras sociales de la excelencia. Cualquier hombre puede ser virtuoso si se identifica plenamente con su profesión. El trabajo bien hecho es, por tanto, una actividad que tiene un valor en sí misma, ya que nos dignifica. Y tanto la prosperidad como el éxito, que de él se derivan, no son un fin, sino tan solo el medio que la sociedad utiliza para reconocer la calidad del servicio prestado, para aplaudir el ingenio puesto en práctica y para valorar la virtud entendida como profesionalidad.

La riqueza que aporta el trabajo bien hecho es una fuente para cultivar otras virtudes como la autarquía. Ser propietario significa ser dueño del tiempo, de la vida, del cuerpo de uno mismo y, por supuesto, del fruto de nuestro esfuerzo. Significa, en definitiva, ser autónomo. La autarquía económica permite la absoluta independencia y la soberanía que elude cualquier forma de servidumbre. Para los griegos, la *autarchía*, la ausencia de la intervención de terceros en un gobierno guiado bajo los propios principios, tiene como condición necesaria la *autárkeia*, la autosuficiencia económica, el autoabastecimiento con los recursos que cada uno posee, el disponer de lo necesario para vivir. Es por ello por lo que todo tirano con éxito sabía que para que su poder fuera absoluto era tan necesario controlar el Ágora como el mercado.

Aristóteles consideró que la forma de vida humana más elevada era la del que practica la política y sirve a la comunidad de hombres libres e iguales; es decir, la del ciudadano. Pero para ejercer libremente la ciudadanía, uno necesita estar emancipado económicamente. En caso contrario, no solo no dispondrá de tiempo para acudir al Ágora a reunirse con sus iguales, sino que, cuando acuda, no lo hará como un hombre libre sino como un títere en manos del amo que le da de comer.

La profesionalidad

Como hemos visto, Hesíodo identifica la *areté* con la excelencia en el trabajo. La virtud queda así al alcance de todos, ya que no importa cuál sea el oficio que se desempeña, sino la calidad profesional de quien lo ejerce. Si la virtud se juega en el terreno de la profesionalidad, la clave será, en consecuencia, convertir el oficio en profesión. Nuestra palabra *oficio* proviene del término latino *officium*, resultado de la contracción de *opus* («obra») y *ficium* («hacer»), siendo el *opifex* el obrero que lo realiza y la *officina*, el lugar o taller donde se llevan a cabo los trabajos. Los romanos incluían en el significado de la palabra un sentimiento del deber, la fidelidad y la obediencia. Por eso Cicerón[6] define el oficio como las obligaciones que los hombres tienen dentro de la sociedad a la que pertenecen, ya que no hemos nacido para nosotros únicamente, sino que una parte la debemos a nuestra patria, otra a nuestros padres y otra a los amigos. Y es aquí donde entra en juego la profesionalidad, ya que de la realización de cualquier obligación cabe igualmente un mayor y un menor grado de desempeño y de compromiso.

La palabra *profesión* viene del latín *professio*, cuyo significado literal es «dar fe públicamente, prometer fidelidad, comprometerse, profesar, entregarse a algo con hondo sentimiento, con devoción religiosa». Por tanto, el profesional es aquel que, comprometiéndose con las obligaciones de su oficio, da testimonio público de su talento y excelencia. O dicho de otra manera, aquel que cumple las obligaciones que tiene para con su comunidad de forma virtuosa.

El camino para convertir el oficio en profesión es hacer de la *poiesis* una *praxis*. En la antigua Grecia, el término *poiesis* definía la acción productiva del ser humano. Tiene su raíz en la palabra *poiein* que significa «hacer» o «fabricar». En *El banquete*, Platón la define como aquella acción que hace que algo pase del no-ser al ser, es decir, las actividades propias de los artesanos y artistas cuando fabrican algo nuevo. El valor de esta acción reside, obviamente, en la calidad del producto y, por ello, toda *poiesis* no posee una valía en sí misma, sino que ha de valorarse en tanto que medio para alcanzar un objeto. El oficio es *poiesis* cuando es un medio de ganarse la vida, una actividad laboral que tiene como justo objetivo una retribución económica. En cambio, el término *praxis* remite a aquellas acciones que son en sí mismas gratificantes, al margen de lo producido o, incluso, siendo improductivas, como cuidar de nuestros mayores, leer o amar. Aun cuando uno pueda ser retribuido en el ejercicio de la *praxis*, lo que la mueve y da sentido es la acción misma.

Una figura que puede ayudarnos a ilustrar el *ethos*[7] del profesional es la del deportista. Solo entenderemos su peculiar *modus vivendi* si tenemos presente que su único fin es la búsqueda de la perfección en la realización de una acción. Solo desde esa sed de excelencia puede el profano no solo comprender, sino también admirar su riguroso régimen de vida. La autodisciplina, la dieta o el sudor del esfuerzo son parte de la estela que el deportista profesional deja en su trayectoria hacia la virtud.

La vía del arco

El arte marcial del *kyūdō*, la «vía del arco», desarrollado en Japón, es una buena muestra de este peculiar *ethos* que fusiona ética y estética, *poiesis* y *praxis*. No es necesario tener una especial sensibilidad, ni una formación previa para emocionarse ante la belleza que emana la ceremonia *hitote gyosha* de cinco arqueros:

> Sobre todo si el grado de los practicantes es alto, el atento y paciente espectador observará a cinco miembros (*kyūdōjin*), hombres y mujeres, portando arcos asimétricos de bellas formas y dos flechas, estrictamente uniformados con hermosos kimonos, penetrar consecutivamente en un espacio rectangular (*shajo*) saludando respetuosamente, para después caminar, rítmica y coordinadamente, describiendo una específica trayectoria, hasta situarse en línea a veintiocho metros de sendas dianas (*mato*) y, tras desarrollar unos rigurosos movimientos individuales, tensar el arco y disparar consecutivamente con un tiro que al observador sorprenderá sin duda por la aparente facilidad del esfuerzo y la enorme energía con la que las flechas surcan el espacio hasta las dianas. Seguidamente se retiran ordenadamente, saludando de nuevo y saliendo del espacio indicado, sin haber perdido en ningún momento una actitud de natural dignidad y compostura. Y todo ello en medio del más estricto silencio, pues el único sonido audible es el momento de la

suelta y el resonar de las flechas en las dianas, lo que no hace sino remarcar el protagonismo del silencio.[8]

El objetivo de este arte japonés es convocar a la Gran Belleza por medio de la dificultad, la precisión y la sutileza de una acción para que se haga presente en este mundo y lo sane de la cutrez, la negligencia y la brutalidad.

La vía del arco nos muestra que no hay otro camino para educar la virtud que el de una exigente disciplina personal. Es imposible alcanzar la destreza necesaria para ser una profesional sin una práctica constante y prolongada. Sírvanos como ejemplo el del *sensei* Onuma Hideharu, uno de los maestros más influyentes en este arte, que a pesar de practicar durante setenta años el mismo tiro, seguía considerándose a sí mismo un aprendiz. Nada que ver con esta cultura *millennial*, más ocupada en cultivar el *like* que la dignidad, en emprender que en aprender, en la autocomplacencia que en el honor, en el empleo que en la vocación, en la victimización que en la transformación, en el autoarrogado derecho a no ser emocionalmente ofendido que en el esforzado juicio moral y en ser individuo que en tomar parte en la comunidad.

El rechazo a lo comunitario es el error más grave de la cultura *millennial*, ya que la virtud no se puede practicar si no es dentro, en referencia y al servicio de una comunidad. Por este motivo, la otra gran verdad que nos desvela el camino del arco es que para que una destreza obtenida mediante la disciplina personal se convierta en virtud, es preciso ponerla a disposición de los demás, construyendo con ello una común-unidad y armonía no solo entre los participantes, sino también entre los espectadores.

Todo ejercicio de la virtud supone una transcendencia de la individualidad. Ergo, si se desea alcanzar la virtud por la vía del trabajo, la finalidad de esta actividad no puede quedar reducida a la obtención de una fuente de ingresos, sino que se deberá transcender la mirada para vivirla como una acción cooperativa cuyo fin más noble es el dar a la sociedad un bien. Lo que enseña la educación de la virtud es que mi bien como individuo no difiere del bien de aquellos otros con los que formo una comunidad.

La virtud, en consecuencia, no es un asunto privado, aunque así lo crean aquellos que consideran que su éxito es solo fruto de su esfuerzo. Estos tienden a olvidarse de que la excelencia en una determinada práctica solo puede alcanzarse en el seno de un colectivo. El paradigma del deportista es un claro ejemplo. Si analizamos con detenimiento una práctica individual como el atletismo, tomaremos conciencia de que el atleta, para alcanzar el triunfo, ha necesitado de otros compañeros con los que competir, de un entrenador que le enseñase, le animase y le perfeccionase, de organizadores, jueces y público, de alguien que construyese el estadio y la carretera que lo ha llevado hasta él, de trabajadores que transformasen los recursos en electricidad con la que alimentar los focos que lo han alumbrado y las cámaras desde las que los periodistas han narrado su hazaña, de agricultores y ganaderos que produjesen las calorías gastadas en la prueba, etc. Aunque la lista es interminable, me gustaría concluirla, por la carga simbólica, en los padres, aquellos que lo engendraron, cuidaron, amaron, educaron y acompañaron a cada entrenamiento.

Si toda sociedad se basa en la reciprocidad, no hay mejor forma de devolver lo recibido que esforzarnos en ser virtuosos. Bien es cierto que sin esfuerzo no hay virtud, pero no deberíamos olvidar que la parte de nosotros que se esfuerza nos ha sido dada.

El ejercicio de una determinada profesión solo puede considerarse virtuoso si se pone al servicio de los intereses comunes de la sociedad. Nadie en su sano juicio admitiría como virtuosa la pericia de un empleado de banca para estafar a sus clientes, la maestría de un químico para crear un fármaco que genere adicción o la creatividad de un ingeniero informático para diseñar una aplicación que espíe a los usuarios. La profesionalidad —y, por tanto, la virtud— está asociada al bien común.

La práctica de una determinada profesión solo puede considerarse digna de mérito en el contexto de una sociedad que comparte una misma idea de bien, tanto para el individuo como para esa comunidad. En consecuencia, la noción de bien público es anterior a la de mérito, ya que serán dignas de alabanza aquellas acciones que contribuyan a alcanzar dicho bien público.

Nuestros antepasados griegos, amantes de la *areté*, lo tuvieron claro: solo es virtud aquel bien que perfecciona y mejora no solo al individuo, sino también a la comunidad de la que este forma parte. La virtud o es pública o no es. El buen economista, el buen químico y el buen ingeniero informático son un bien social. Pueden ser varios los motivos que nos impulsan a elegir y practicar una profesión: hacer algo que nos gusta, ganarnos la vida, enriquecernos incluso, alcanzar fama o prestigio, etc., pero el único fin que la legitima es proporcionar a la sociedad los bienes que esta demanda. Por eso hoy no tiene ningún mérito ser un buen inquisidor, un buen verdugo o un buen productor de lámparas de aceite. Igualmente, un cirujano no podría justificar su falta de profesionalidad aduciendo que el único motivo por el que eligió ser médico era tener un buen sueldo, ya que el fin que da sentido a toda profesión es siempre un bien público (en este caso, promover la salud).

Llegados a este punto, es de suma importancia que aclaremos cuanto antes a qué nos referimos con *bien común*, no vaya a ser que nos nazca un tirano con pretensiones de persuadir al individuo a inmolarse en beneficio de un interés común que, casualmente, coincide con el suyo propio.

El bien común no es ni el interés de la mayoría, ni la suma de los bienes particulares de los miembros de una sociedad. Por bien común debemos entender el conjunto de condiciones que permiten a cada uno de los individuos de una comunidad alcanzar su más alto grado de desarrollo. Todo aquello que potencia a cada miembro de una sociedad hacia su forma más elevada de vida. O dicho de otra manera, las condiciones necesarias para una vida humana digna.

En ningún caso el individuo puede ser usado como un medio para alcanzar este bien; es más: si así fuese, el bien común se «des-virtuaría» para convertirse en una terrible forma de alienación. El único fin[9] del bien común y, por consiguiente, de la política es la persona. Lo bueno para la comunidad solo puede ser aquello que es, a su vez, bueno para las personas que viven en ella. Del mismo modo, los individuos no han olvidar que no pueden alcanzar su bien a expensas de su comunidad o fuera de ella.

El bien común debe ser, a la vez, el bien de la sociedad y el de sus miembros; por eso la comunidad es el medio que los individuos creamos para alcanzar una vida humana digna. La comunidad no existe *a priori*; es un ente que surge cada vez que un grupo de personas se reúnen para identificar y construir el bien común. Formamos parte de una comunidad en tanto que compartimos una misma idea de bien. Por todo ello, es preciso que todos busquemos, dialoguemos y produzcamos continuamente el bien común, con lo que la comunidad siempre está en continua construcción y renovación por parte de sus socios.

El bien común es un bien abstracto que necesita ser precisado de manera constante y colaborativa; por este motivo, la política no solo es inevitable, sino que es nuestra única vía para alcanzar la plenitud. Aunque no debemos entender la política en el sentido restrictivo que el término tiene en nuestros días, reduciéndola al combate dialéctico y a las luchas de poder, sino en el sentido más profundo y amplio que tuvo en el mundo griego: la dignidad y la responsabilidad de todo ciudadano de participar en la comunidad de hombres libres. Pericles es, probablemente, quien mejor lo expresa cuando, con orgullo, afirma de sus conciudadanos:

> Todos cuidan de igual modo de las cosas de la república que tocan al bien común, como de las suyas propias; y ocupados en sus negocios particulares, procuran estar enterados de los del común.[10]

La política no debería ser entendida como la lucha de unos pocos por acceder al poder para beneficio particular, sino como la vinculación del individuo con su comunidad, como el lugar público en el que el hombre libre se encuentra con sus iguales para decir lo que piensa y para exponerse a lo que los demás opinen. La política es el gimnasio en el que los ciudadanos ejercitan la razón pública con la que vigilar, cuestionar y criticar a sus gobernantes cuando estos no se someten a la idea de bien que la comunidad de hombres libres ha definido.

El bien común no es una responsabilidad exclusiva de los políticos profesionales, sino de todos los ciudadanos; delegar esta tarea es renunciar a nuestra dignidad. Como afirma Michael Sandel,[11] solo podemos alcanzar el bien común deliberando con nuestros conciudadanos sobre cuáles son los propósitos y los fines de la comunidad política. Y por todo ello, como los antiguos griegos, necesitamos de lugares públicos donde escucharnos, en lugar de gritar, y razonar juntos, en lugar de ofendernos, sobre el bien común. Necesitamos dotarnos de espacios comunes donde resolver colaborativamente problemas como estos: ¿por qué vivimos juntos?, ¿cuál es el sentido de nuestra comunidad política? o ¿cuáles son nuestras obligaciones en el proyecto democrático compartido? Pero, igualmente, necesitamos educar a una juventud para la vida pública, que no solo quiera, sino que además sepa contribuir al bien común, única fuente de cohesión social.

Jacques Maritain reflexiona sobre estos asuntos en su obra *La persona y el bien común*, y llega a la conclusión de que el bien de una comunidad política no es un único bien, sino todo un entramado de bienes constituido por el conjunto de servicios de utilidad pública como carreteras, puertos, hospitales o escuelas, por una buena y sana economía, por una sólida seguridad tanto interna como externa, por el conjunto de leyes justas, de buenas costumbres e instituciones sabias, por la herencia cultural e histórica y todos los tesoros materiales y espirituales que la conforman; pero, sobre todo, por una conciencia cívica, un alto sentido de la ética, el derecho y la libertad de cada uno de los miembros de esa comunidad.

Son las virtudes públicas de los ciudadanos las que hilan esa red de reciprocidad que llamamos «comunidad» en la que todos aportan y todos reciben. Pues bien, esa red se transforma en bien común, y no en un instrumento de alienación, cuando cada uno de los elementos que la integran están armonizados de tal forma que ayudan a perfeccionar la vida y la libertad de cada individuo.

¿Cómo se hilvana esa red? Desde luego, no identificando el bien común con ningún proyecto político concreto, ya que este no es el resultado de una idea preconcebida de lo bueno, sino el producto final de un auténtico diálogo democrático. Al Estado le corresponde la tarea de generar espacios donde pueda darse este diálogo, pero en absoluto definir cuál es el bien de la sociedad. Identificar, definir y construir ese bien es un cometido que solo le corresponde a la comunidad de ciudadanos.

El auténtico diálogo democrático no es una lucha entre individuos o clases en la que los más hábiles terminan imponiendo su punto de vista, sino que consiste en un esfuerzo, hecho en común, por unos interlocutores que quieren sobrepasar sus puntos de vista particulares para encontrar una visión general. Ahora bien, nadie nace con las virtudes para ejercer adecuadamente la ciudadanía, sino que estas se desarrollan y se mantienen mediante el aprendizaje y el ejercicio continuo del diálogo. Esto es algo que se aprende y se entrena y que, precisamente por ello, debería ser el fundamento de la educación de nuestros jóvenes.

Karl-Otto Apel y Jürgen Habermas nos han advertido de los peligros que entraña que una sociedad abandone la búsqueda del bien común a través del ejercicio del diálogo democrático. El Holocausto fue el producto final de un pueblo alemán que renunció a pensar críticamente y a argumentar. Hitler fue un maestro del discurso puramente emocional, tan peligrosamente de moda hoy en día, que hace innecesaria la argumentación. Embriagados por las emociones más primarias, los ciudadanos alemanes ya no necesitaron ni dialogar ni razonar, tan solo sentir y obedecer. El nuevo líder hablaba en nombre de la comunidad y determinaba cuál era su bien y su voluntad.

El bien común no nace de un monólogo impositivo, sino que se construye a través de un diálogo en el que es necesario argumentar. No es razón suficiente sentir con intensidad que algo es bueno para tomarlo por tal, o que ofenda para rechazarlo, sino que es condición *sine qua non* aducir buenas razones, es decir, aquellas que cualquier ser racional puede aceptar.

El significado del bien común es el resultado de un diálogo cooperativo en el que razonamos y decimos conjuntamente. Afirmar que algo es bueno para la comunidad significa que disponemos de las razones para convencer a los otros miembros de ello. El modelo de diálogo que debemos tener como referencia es el que se usa en la comunidad científica para establecer verdades, donde discutir no es guerrear, sino construir. En esta comunidad, cuando un investigador cree haber encontrado un nuevo descubrimiento, está obligado a darlo a conocer al resto de los expertos de esa disciplina, generando con ello un diálogo en el que se aportan razones y evidencias, hasta que se alcanza un acuerdo y entre todos determinan si ese nuevo conocimiento es o no verdadero. La interesante propuesta de Apel y Habermas es la de usar este mismo procedimiento en el ámbito de la ética y la política. Pero como no toda discusión es racional, antes debemos identificar cuáles son las condiciones que permiten el auténtico diálogo democrático:

1. Deben participar en el diálogo todos los afectados.
2. Ninguna posición puede quedar al margen del debate ni exenta de crítica.
3. Todos los participantes deben estar obligados a argumentar.
4. La discusión ha de ser pública.
5. Todos deben participar en igualdad y libertad, y,

por tanto, debe quedar excluida toda relación de autoridad y coerción.
6. Cualquier afirmación es discutible, siendo el argumento que resiste todas las objeciones el más racional y, por tanto, el mejor.
7. El objetivo del diálogo ha de ser el entendimiento mutuo y el acuerdo argumentado.
8. Es preciso buscar el mayor consenso posible y usarlo como fundamento y criterio de verdad.
9. Cualquier acuerdo es cuestionable si aparecen nuevos argumentos.

Para que estas condiciones puedan darse, necesitamos una ciudadanía que haya sido educada en las virtudes públicas, que las valore por encima de cualquier otro bien y que se ejercite a diario para mantenerlas. De lo contrario, el diálogo democrático será tan solo un ideal inalcanzable que generará en el ciudadano impotencia, frustración y culpabilidad suficientes como para dejar la política en manos de otros. Esta puede ser la razón por la que aquellos que desean tener la política en sus manos están interesados en diseñar una educación que genere trabajadores competentes pero ciudadanos incompetentes.

Cierto es, como supo ver Hesíodo, que con el sudor de nuestro trabajo podemos alcanzar la virtud y contribuir al bien común, pero para que esto sea posible es imprescindible que no reduzcamos este bien al crecimiento económico o a la satisfacción de los consumidores. Y precisamente por ello, sigue siendo necesario, como veremos en el próximo capítulo, un Sócrates que aporte una visión cívica de la virtud y el bien común, ya que este bien, como acertadamente afirma Sandel, no puede alcanzarse exclusivamente con la actividad económica:

> El bien común pasa por una reflexión crítica sobre nuestras preferencias —a poder ser, para elevarlas y mejorarlas— que nos permita disfrutar de unas vidas más dignas y florecientes. Esto es algo que no puede conseguirse tan solo mediante la actividad económica. Requiere una deliberación de nuestros conciudadanos acerca de cómo conseguir una sociedad justa y buena que cultive la virtud cívica y haga posible que razonemos juntos sobre los fines dignos y adecuados para nuestra comunidad política.[12]

Sandel cree que para alcanzar este bien es necesario dotarnos de espacios y tiempos para la deliberación pública. No lo niego, pero creo que mientras no eduquemos a nuestros jóvenes en las virtudes políticas imprescindibles para crear una ciudadanía competente, esos espacios quedarán desiertos en el mejor de los casos y, en el peor, serán lugares para la confrontación, la descalificación, la demagogia, el populismo, la posverdad, el linchamiento y un triste y largo etcétera. Por eso necesitamos con urgencia un Sócrates, un educador de ciudadanos.

4

Sócrates: y la virtud se hizo carne de ciudadano

> Se cuenta que un muchacho espartano llegó a Atenas lleno de devoción hacia Sócrates. Cuando se hallaba ya a las puertas de la ciudad, supo que Sócrates había muerto; preguntó entonces por su tumba, y cuando se la señalaron, después de hablar con la estela y lamentarse, esperó la noche y durmió sobre ella. Antes de que amaneciera del todo, besó el polvo de la tumba y se volvió a su patria.
>
> ANTONIO TOVAR, *Vida de Sócrates*[1]

UN SILENO EN LAS NUBES

Sócrates no tenía noble estirpe; era hijo del picapedrero y la comadrona del *demos* de Alopeké, un territorio que, exceptuando a Tucídides, nunca dio ninguna figura notable a Atenas. Su aspecto físico invitaba a la burla: bajito, de panza prominente, enorme cabeza coronada con una amplia calva, rostro poco agraciado, ojos saltones, nariz redonda y respingona, barba poblada y poco cuidada. Sus amigos lo comparaban con Sileno, el preceptor de Dioniso, y el más viejo, lascivo y borracho de sus seguidores, feo, con la nariz chata, mirada de toro y una amplia barriga, representado sobre un asno en el que, a causa de su embriaguez, a duras penas se sostiene. A Sócrates, estas analogías, lejos de humillarle, le agradaban y provocaban hilaridad.

Aunque no fue tan gandul como Perses, su fama de haragán hubiera desesperado a Hesíodo. Antifón decía de él que ningún esclavo querría ser tratado como Sócrates se trataba a sí mismo, y Platón consideró digno de recuerdo y celebración el día en que su maestro se lavó los pies y se puso sandalias. Trabajaba lo justo para dar mal de comer a una esposa y unos hijos que siempre le echaron en cara no estar nunca en casa.

Se levantaba con las primeras luces del amanecer, se vestía siempre con el mismo viejo, tosco y raído manto y se pasaba el día entero en la calle, hablando con todo aquel con quien se encontraba, al que acosaba a preguntas, granjeándose con ello fama de charlatán y tocapelotas. Podía exasperar al más pintado preguntando qué es un zapato a un paciente zapatero, o qué es el valor a un general, o qué es la virtud a uno que enseñaba a ser virtuoso. Un sofista le echó en cara que al regresar a Atenas, después de haber estado unos años fuera, se encontró a Sócrates en el mismo lugar en el que lo había dejado, discutiendo exactamente de lo mismo.

Aristófanes se hizo eco de esta mala reputación en su obra *Las nubes*, donde nos dibuja a un Sócrates medio loco, medio embaucador; un sofista de cuidado que enseña malas artes para ganar cualquier discusión, a darles la vuelta a los argumentos del oponente y a fortalecer el razonamiento más débil.

En su comedia, Aristófanes nos hace reír con la desafortunada historia de Estrepsíades, un rico agricultor ateniense que está atormentado por las deudas de su hijo

Fidípedes, un joven de gustos extravagantes y muy caros. Estrepsíades, acosado por las deudas de su hijo, tiene la brillante idea de mandarle a la escuela de Sócrates para que aprenda a desarrollar la verborrea que le permita litigar a su favor en los pleitos que tiene con sus acreedores y así no pagar. En un principio, Fidípedes se niega a obedecer, y es su padre, desesperado, quien, para no malgastar el dinero de la matrícula, se convierte él mismo en alumno de Sócrates. Este arte de confundir y tergiversar se terminará volviendo en contra de Estrepsíades, quien, en un arrebato de ira, concluye la historia prendiendo fuego a la Academia socrática.

Según cuenta Eliano,[2] la obra era un libelo encargado por Ánito, aquel rico empresario que, junto con el político Licón y el poeta Meleto, terminó denunciando a Sócrates ante el Tribunal de los Quinientos. Aristófanes, muy bien pagado, construyó un Sócrates con los defectos que se convertirían en los cargos que le fueron posteriormente imputados: engreído y embaucador, que al discurrir tenía el arte de hacer que lo bueno apareciera como lo malo, que ni reconoció ni adoró a los dioses de los atenienses y que introdujo nuevas deidades. Eliano también cuenta que un grupo de extranjeros que acudió a la representación preguntó: «¿Quién es ese Sócrates?», y entonces el filósofo se levantó de su asiento y se quedó de pie y en silencio hasta que finalizó la obra para indicar a todos quién de los dos hombres era el verdadero Sócrates.

Pero ¿quién fue el verdadero Sócrates? Porque la incógnita que tenemos que despejar es esta: ¿cómo fue posible que un sileno ignorante se convirtiese en el educador de los hijos de la aristocracia ateniense que aspiraban a seguir la carrera de gobernantes de sus padres? Ni su estirpe, ni su aspecto físico, ni su clase social, ni su *modus vivendi,* ni su manera de ejercer la ciudadanía hacían de él un *kaloskagathos* de manual. ¿Cómo fue posible que la virtud se encarnase en un cuerpo tan mediocre? ¿Cómo fue posible que alguien que nunca quiso participar del gobierno de la ciudad porque, según él, una voz interior le prohibía hacer cosas justas y deshonestas, se convirtiese en el formador de ciudadanos?

El guerrero filósofo

Quizá las respuestas a estas preguntas podamos encontrarlas en el pasado guerrero de Sócrates. Quizá el extraordinario carácter del filósofo se fue forjando lentamente en el campo de batalla. Quizá fue en el ejército de hoplitas comandado por Pericles donde Sócrates empezó a entrenar la valentía, la templanza, la sabiduría y la justicia que brillaron en él durante su proceso judicial y su muerte. Rastreemos, por tanto, las semillas de virtud que comenzaron a germinar en él durante la guerra del Peloponeso que enfrentó a Atenas y Esparta.

Los ciudadanos atenienses condecoraron a Sócrates por el valor mostrado en la cruenta batalla de Potidea. Esta ciudad amurallada, colonia de Corinto, pertenecía a la confederación ateniense, y en el 432 a. C. decidió separarse. Atenas respondió enviando un ejército de tres mil hoplitas, soldados de infantería pesada, pertrechados con una armadura que pesaba unos veinticinco kilos, un escudo redondo de medio metro de diámetro y una lanza de unos tres metros de largo. Sócrates demostró heroicidad salvando la vida de un joven Alcibíades, reputado miembro de la familia aristocrática de los Alcmeónidas, que terminaría convirtiéndose en uno de sus más famosos, aunque no reputados, discípulos. El joven, sin ser consciente del peligro, no fue capaz de domar ni sus impulsos ni su sed de gloria, y en un acto temerario se separó de la formación, quedando a expensas del enemigo, que lo derribó brutalmente por golpe de lanza. Al ver al muchacho malherido, manchando con su negra sangre la arena, Sócrates no titubeó y, en un acto de arrojo, abandonó la seguridad de su puesto para socorrerlo.

Jenofonte, otro de sus discípulos, narra en sus *Recuerdos* el ascetismo, la moderación y la resistencia demostrados por el maestro en las frías y duras noches de Tracia. En lo más fuerte del invierno, mientras los otros soldados aumentaban sus ropas para soportar el gélido clima, Sócrates mantuvo siempre su uniforme ordinario. Caminaba a pie descalzo sobre el hielo, y dormía, comía y bebía frugalmente. Esta ejercitación de la templanza forjó en él un carácter capaz de soportar las más duras dificultades, así como un temperamento fuerte que le ayudó a resistir las enfermedades, de tal modo que fue casi el único griego que no padeció la epidemia de peste esparcida en todo el campo de Potidea.

Sócrates también destacó en la batalla de Delio, una maniobra de distracción de Atenas al comienzo de la guerra del Peloponeso que, según nos cuenta Tucídides,[3] terminó siendo un auténtico baño de sangre. Siete mil hoplitas y mil soldados de caballería atenienses, al mando de Hipócrates, pasaron la frontera beocia y ocuparon el santuario de Apolo Delio, a las orillas del mar de Eubea, para establecer allí un puesto fortificado.

Un gran número de beocios, al mando de Pagondas, atacaron la cima de la colina mientras el general ateniense estaba pronunciando su arenga. La caballería beocia se desplegó por sorpresa y los atenienses se espantaron ante su repentina aparición. Murieron más de mil atenienses, aunque podrían haber sido muchos más si no llega a caer la noche. La crueldad de los beocios fue tal que ni siquiera concedieron al enemigo la debida tregua para recuperar los cuerpos de los caídos.

Durante la retirada, Sócrates, haciendo gala de un gran dominio de sí mismo, conservó la serenidad, y en lugar de huir precipitadamente, como los demás, lo hizo paso a paso, plantando cara al enemigo, hasta que al ver a Jenofonte caído del caballo y cubierto de sangre, se desvió para llegar hasta él, lo levantó y lo cargó sobre sus hombros, siendo con esta la segunda vez que arriesgaba su vida para salvar la de un futuro discípulo.

Todavía con cincuenta años, Sócrates tomó parte en la batalla de Anfípolis, a pesar de no estar de acuerdo con la política que la motivaba. Cleón, el general ateniense, llegó a las costas de Tracia con más de treinta barcos en los que llevaba mil doscientos hombres. Situó sus tropas frente a la ciudad de Anfípolis, pero al ver que los espartanos no salían para presentar combate, los atenienses dieron media vuelta de forma desorganizada. Los espartanos aprovecharon la coyuntura para atacar y llevarse la victoria, con un premio añadido: la muerte de Cleón. Tras esta batalla, ambos bandos firmaron la Paz de Nicias, poniendo con ello fin a la guerra del Peloponeso.

Estas fueron prácticamente las únicas ocasiones en las que Sócrates abandonó Atenas. En el diálogo platónico *Critón* se bromea sobre este detalle afirmando que, para ser un filósofo, viajó menos que los cojos, los ciegos y los lisiados; y en el *Cármides* se cuenta que Sócrates, al regresar de estas misiones, acudía al gimnasio como si nada extraordinario hubiese hecho, como quien vuelve de cumplir una más de las cotidianas obligaciones que un ciudadano tiene para con su ciudad.

El filósofo guerrero

Sócrates fue un valeroso patriota, siempre dispuesto a defender la democracia de sus enemigos con su lanza y su escudo en la guerra, con sus preguntas y su ironía en el Ágora. La altura de su valor cívico quedó acreditada en dos ocasiones: enfrentándose a la asamblea de ciudadanos cuando pretendía incumplir las normas de la democracia, y al gobierno despótico de los Treinta Tiranos.

En el año 406 a. C., la flota ateniense derrotó a la espartana en las islas de las Arginusas, entre Lesbos y las costas de Anatolia. Cuando la noticia llegó a Atenas, el entusiasmo y la exaltación se apoderaron de la población, pero al conocer que, en su regreso, una tormenta había destrozado veinticinco trirremes y que los generales, para salvar la vida del resto de la armada, incumplieron el deber sagrado de recoger los cadáveres del mar y darles religiosa sepultura, la alegría se transformó impulsivamente en ira y sed de venganza. El pueblo, exaltado, convocó con carácter de urgencia una asamblea de ciudadanos para juzgar a sus generales y condenarlos a muerte por un delito grave de impiedad. La suerte quiso que, justo ese día, en el sorteo que decidía quién debía presidir la asamblea y proteger los símbolos de la ciudad saliese Sócrates, el tábano de Atenas.

Los ocho generales, entre los que estaba el hijo de Pericles, fueron juzgados en grupo en un juicio político en el que la mayoría pretendió violar la ley que estipulaba que los acusados de crímenes capitales debían ser juzgados individualmente. Cuando un grupo de ciudadanos denunció la ilegalidad del procedimiento, la asamblea, enfurecida, comenzó a gritar indignada porque no se permitiese al pueblo hacer lo que quería. Los políticos populistas azuzaron los instintos más bajos de la masa y le hicieron creer que podía colocarse por encima de la ley.

Sócrates fue el único hombre libre que se atrevió a enfrentarse a un pueblo enfervorizado por el odio, manteniéndose firme en su defensa del Estado de derecho. Tomó la palabra frente a una mayoría exaltada y enajenada, se negó a cambiar su voto y dijo que un ciudadano no debe reconocer más autoridad que la de la ley que se ha dado a sí mismo. También aprovechó para recordar a sus conciudadanos que la democracia no es la tiranía de la mayoría, sino el imperio de la ley, y que, por tanto, o se respetan las normas que los ciudadanos se han dado a sí mismos, o se convence a la democracia para que apruebe una nueva ley. Alguien propuso entonces condenar a muerte a los generales, sin juicio previo, pero el orden del día no se podía alterar sin el consentimiento del presidente de la asamblea, que, casualmente, aquel día era Sócrates. El tábano de Atenas pagaría, siete años más tarde, el atrevimiento de defender la democracia del ataque del pueblo.

No mucho tiempo después, Sócrates volvería a poner en riesgo su vida en defensa de la justicia. En el 405 a. C., Atenas sería definitivamente derrotada por Esparta en la batalla naval de Egospótamos. Los vencedores desactivaron la democracia e impusieron a los vencidos un gobierno oligárquico, bajo el liderazgo de Critias, un discípulo de Sócrates y pariente de Platón. Esparta encarceló a los principales líderes de la democracia y nombró un cuerpo de treinta hombres locales (los Treinta Tiranos) para gobernar Atenas bajo una nueva constitución oligárquica.

Cientos de atenienses fueron asesinados, miles decidieron exiliarse y el número de ciudadanos se redujo drásticamente. Critias nombró un consejo de quinientos para cumplir las funciones que antes pertenecían a todos los ciudadanos, prohibió portar armas, creó un cuerpo policial, se arrogó el derecho de condenar a cualquier ciudadano sin juicio previo y asesinó a todo aquel que se mostrase hostil al nuevo régimen, confiscando, además, sus propiedades.

Los Treinta Tiranos quisieron implicar a Sócrates en sus crímenes, ordenándole a él y a otros cuatro que arrestasen a un político demócrata, León de Salamina, para ser ejecutado sin juicio. La intención de Critias era vincular al filósofo con su gobierno para así legitimarlo. Sin embargo, como era de esperar, siendo Sócrates un ciudadano intachable y comprometido con la democracia, la legibilidad y el Estado de derecho, se negó a cumplir una orden injusta de un gobierno injusto. Es más, manifestó su disconformidad con su discípulo diciéndole a la cara que si se consideraba un mal pastor aquel que reducía el número de vacas de su rebaño, de igual forma debía considerarse un mal gobernante aquel que reducía el número y la calidad de los ciudadanos.[4] Sócrates tenía más miedo a cometer injusticias que a las represalias de Critias.

El lugar del filósofo en la ciudad: el gimnasio

Nietzsche, en el *Crepúsculo de los ídolos*, afirma que nada bueno se podía esperar de Sócrates porque pertenecía por su ascendencia a la plebe, lo más bajo del pueblo, y encima era feo, cosa que entre los griegos era más que una objeción. El cuerpo de Sócrates es una refutación porque el rostro de un monstruo solo puede esconder en su interior vicios y malos instintos.

Sin embargo, Nietzsche se olvida de mencionar que a pesar de sus orígenes plebeyos, y de su rostro de sileno, si Sócrates hubiese querido, su pasado heroico y su amistad con Alcibíades y Pericles lo podrían haber catapultado hasta lo más alto de la política ateniense.

Entonces ¿por qué renunció a pertenecer a la élite política de Atenas? ¿Por qué rechazó siempre subir a la tribuna y participar en el gobierno de la ciudad? ¿Cuál ha de ser la filiación del filósofo con la política? Las respuestas nos las da el propio Sócrates en su discurso de defensa ante el tribunal que lo condenó a muerte:

> Quizá pueda parecer extraño que yo privadamente, yendo de una a otra parte, dé estos consejos y me meta en muchas cosas, y no me atreva en público a subir a la tribuna del pueblo y dar consejos a la ciudad. La causa de esto es lo que vosotros me habéis oído decir muchas veces, en muchos lugares, a saber, que hay en mí algo divino y demoníaco; esto también lo incluye en la acusación Meleto burlándose. Está conmigo desde niño, toma forma de voz y, cuando se manifiesta, siempre me disuade de lo que voy a hacer, jamás me incita. Es esto lo que se opone a que yo ejerza la política, y me parece que se opone muy acertadamente. En efecto, sabed bien, atenienses, que si yo hubiera intentado anteriormente realizar actos políticos, habría muerto hace tiempo y no os habría sido útil a vosotros ni a mí mismo. Y no os irritéis conmigo porque digo la verdad. En efecto, no hay hombre que pueda conservar la vida si se opone noblemente a vosotros o a cualquier pueblo y si trata de impedir que sucedan en la ciudad muchas cosas injustas e ilegales: por el contrario, es necesario que el que, en realidad, lucha por la justicia, si pretende vivir un poco de tiempo, actúe privada y no públicamente.[5]

La primera razón, aunque obvia, no parece que la tuviese en cuenta Platón cuando se jugó el pescuezo y la libertad participando en el gobierno del tirano de Siracusa:

si el filósofo quiere llegar a viejo, conservando su integridad y su salud física y mental, conviene que no se meta en política. Sócrates parece tener claro que la relación de la filosofía y el poder no es de conexión sino de tensión. De hecho, la actitud del maestro fue radicalmente opuesta a las de sus discípulos Critias y Alcibíades, quienes olvidaron su amor a la *sofía* para enamorarse enfermizamente del poder. Pero del hecho de que Sócrates rechazase participar del gobierno no debe extraerse que no tuviese un fuerte compromiso político, antes al contrario, ya que todo filósofo tiene sobre sus espaldas la responsabilidad de la auténtica tarea política: la formación de ciudadanos.

Sócrates es un escultor de hombres libres que, más allá de cualquier proyecto político concreto y de toda ideología, actúa sobre la base misma de la democracia: el alma de los ciudadanos, porque sabe que no hay reforma social sin reforma moral. La misión de Sócrates es la de examinar, por medio del diálogo, a sus vecinos sobre el estado de salud de las virtudes cívicas necesarias para participar en la vida pública.

Existe una cierta analogía entre el acto de desnudar el cuerpo para ser examinado por el médico y el de desnudar el alma ante el diálogo socrático.[6] La vocación y la misión política de la filosofía deben ser educadoras y terapéuticas, para que así la virtud pueda florecer en la comunidad política:

> Yo, atenienses, os aprecio y os quiero, pero voy a obedecer al dios más que a vosotros y, mientras aliente y sea capaz, es seguro que no dejaré de filosofar, de exhortaros y de hacer manifestaciones al que vosotros vaya encontrando, diciéndole lo que acostumbro: «Mi buen amigo, siendo ateniense, de la ciudad más grande y más prestigiada en sabi-

> duría y poder, ¿no te avergüenzas de preocuparte de cómo tendrás mayores riquezas y la mayor fama y los mayores honores y, en cambio, no te preocupas ni interesas por la inteligencia, la verdad y por cómo tu alma va a ser lo mejor posible?». Y si alguno de vosotros discute y dice que se preocupa, no pienso dejarlo al momento y marcharme, sino que le voy a interrogar, a examinar y a refutar, y si me parece que no ha adquirido la virtud y dice que sí, le reprocharé que tiene en menos lo digno de más y tiene en mucho lo que vale poco. Haré esto con el que me encuentre, joven o viejo, forastero o ciudadano, y más con los ciudadanos [...] y yo creo que todavía no os ha surgido mayor bien a la ciudad que mi servicio [...] voy por todas partes sin hacer otra cosa que intentar persuadiros, a jóvenes y viejos, a no ocuparos ni de los cuerpos ni de los bienes antes que del alma ni con tanto afán, a fin de que esta sea lo mejor posible, diciéndoos: «No sale de las riquezas la virtud para los hombres, sino de la virtud, las riquezas y todos los otros bienes, tanto los privados como los públicos».[7]

Lo que Sócrates estaba diciendo, no solo a los hombres libres de Atenas, sino también al ciudadano de toda época y lugar, es que la filosofía es la auténtica política: no hay ciudad sin ciudadanos y no hay ciudadanos sin filosofía.

La ciudad es el más sofisticado, lúcido y maravilloso invento griego. Pero ¿no existieron ciudades con anterioridad a Atenas? ¿Babilonia, Uruk o Ciro acaso no lo fueron? La respuesta es que no, por dos razones: la primera es que en estos lugares se vivía juntos, pero no unidos, y la segunda es que en estas poblaciones, por grandes que fuesen, no habitaban ciudadanos. La ciudad es el hábitat del ciudadano y un ciudadano es aquel que no es súbdito. Aunque ciudadano y súbdito obedecen leyes, lo que les diferencia es que la obediencia del primero es voluntaria.

Un ciudadano es un colegislador que vive en un lugar donde los que obedecen la ley son, al mismo tiempo, legisladores, de tal manera que no se obedecen más que a sí mismos, y por tanto son libres.

Lo que nos convierte en ciudadanos no es habitar en un espacio urbano con una alta densidad de población, ni disponer de unos determinados servicios, actividad comercial e industria. Lo que nos hace ciudadanos no es poder comprar en una gran superficie, ni tan siquiera tener la posibilidad de elegir a nuestros representantes cada cierto tiempo, sino ejercer el poder legislar con otros; esta y no otra es la condición de la ciudadanía.

El problema principal al que se enfrentaron los primeros ciudadanos fue la manera de edificar la ciudad buena. Sócrates llegó a la conclusión de que la ciudad virtuosa solo puede construirse con ciudadanos virtuosos y, en consecuencia, la política es inseparable de la ética. No ha habido otra cultura que diese tanto valor a la educación del ciudadano como la griega. Para ser ciudadano griego no era preciso pertenecer a una determinada raza o haber nacido en algún lugar de Grecia, porque, de hecho, uno podía venir al mundo en el norte de África, en el levante de la península Ibérica o en el sur de Italia y, sin embargo, ser considerado como tal. Ser ciudadano griego significaba haber recibido una misma educación. Educación y ciudadanía van indisolublemente unidas, por eso el joven debe prepararse para llegar a ser un ciudadano competente.

El ciudadano debía ejercitarse de igual manera a como lo hacía el atleta que deseaba adquirir las destrezas necesarias para una determinada práctica deportiva. Esa era la razón por la que el griego no dedicaba el tiempo de ocio al entretenimiento, sino al cultivo del hombre libre. Sócrates quedaría horrorizado si contemplase a nuestros jóvenes desperdiciar su tiempo libre consumiendo mercancías en cualquiera de sus múltiples formas. El hombre libre debe usar su ocio para desarrollar las virtudes y habilidades propias del buen ciudadano. Nadie discierne, juzga, argumenta y consensúa de forma espontánea, sino que se aprende y se entrena.

El ciudadano griego se ejercitaba en el gimnasio, y por esta razón era habitual toparse con Sócrates en este espacio. En él los ciudadanos se encontraban y se entrenaban juntos: el cuerpo con la gimnasia, el espíritu con la música y el juicio mediante la filosofía. En un gimnasio se hacía deporte, se daban consejos de nutrición y de medicina, se practicaba la danza o la cítara, se asistía a conferencias de toda índole y, sobre todo, se dialogaba, porque la filosofía es precisamente eso, la gimnasia del ciudadano.

En el gimnasio tenía lugar un auténtico intercambio espiritual que abonaba el alma de las gentes reunidas para que floreciesen en ellas valores y virtudes:

> Los gimnasios eran lugares más importantes que cualesquiera otros, pues en ellos se reunía la gente de un modo regular. [...] la atención se abría a los problemas humanos de carácter general. [...] el espíritu, con toda su fuerza flexible y su suave elasticidad, podía desplegarse allí [...]. Surgió así una gimnasia del pensamiento que pronto tuvo tantos partidarios y admiradores como la del cuerpo y que no tardó en ser reconocida como lo que esta venía siendo desde antiguo: como una nueva forma de *paideia*.[8]

Frente al pritaneo, la sede del poder ejecutivo, Sócrates elige el gimnasio, la sede de la libertad de pensamiento, para hacer política. A pesar de la fascinación que causa, el filósofo no se reconoce como maestro de nadie y afirma que no tiene discípulos, sino amigos. Aparece por el gimnasio, entabla conversación sobre el tema del momento y lleva a todos los presentes a terminar siempre reflexionando sobre la virtud. Escucharlo dialogar debía ser un auténtico espectáculo. Su aparición era siempre celebrada, especialmente por los jóvenes que lo seguían y lo imitaban.

Para que Sócrates pueda volver a instruirnos, necesitamos construir en nuestras ciudades un espacio público como el que los antiguos griegos edificaron. Nuestros actuales gimnasios han quedado reducidos al cultivo del cuerpo y nuestras escuelas priorizan los saberes productivos, un tipo de conocimiento que, como ya advertimos, es más propio de siervos que de hombres libres. Si queremos que la virtud pública vuelva a germinar, necesitamos dotarnos de lugares donde cultivarnos juntos como hombres libres, embellecer la vida y engrandecer el espíritu; y, por supuesto, invitar a nuestros jóvenes a que nos acompañen.

El alma de la revolución socrática

Sócrates llevó a cabo una revolución de enormes consecuencias en la educación y los valores griegos al señalar que el terruño en el que la virtud ha de cultivarse es el alma. Por eso repetía incansablemente a sus vecinos, incluso en su propio juicio, que la excelencia no se consigue con la fama, los honores o las riquezas, sino a través del cuidado del alma. El valor de un hombre se mide por la grandeza de su espíritu, no por su cuerpo o sus bienes materiales. Sócrates no cejó en su empeño de mostrar a sus conciudadanos, sin importar la edad, la condición o la ocupación que tuviesen, que la virtud es la salud de un alma que siempre está en peligro de enfermar.[9] Por eso el tábano de Atenas entendió la filosofía como la medicina del espíritu y la educación, como una exhortación a «cuidar el alma».

Sócrates, con su educación, subvierte la jerarquía de valores de la cultura griega, y quizá sea esa la principal de las razones por la que todos los que han intentado hacer algo similar han terminado, como él, bebiendo cicuta. La escala de valores que trastornó Sócrates está recogida en esta antigua canción báquica:

El bien supremo del mortal es la salud;
el segundo, la hermosura de su cuerpo;
el tercero, una fortuna adquirida sin mácula;
el cuarto, disfrutar entre amigos el esplendor de su juventud.[10]

La versión socrática de la canción hubiese sido tal que así:

El bien supremo del mortal es su alma,
la verdadera hermosura es la de su espíritu valiente y justo,
el único patrimonio que tiene valor es el de su mundo interior,
y da igual que este sea joven o viejo, de aquí o de fuera.

Pero ¿qué entiende Sócrates por «alma», una palabra que el filósofo emplea de forma continua y apasionada y que hoy se encuentra tan denostada? *Psyché*, el término exacto que emplea el filósofo, no tiene un sentido religioso, ni lleva implícita una creencia en la inmortalidad, sino que se refiere a nuestro mundo interior, a nuestro espíritu pensante, a la parte racional de nuestro ser, a ese yo que examina la vida e indaga qué es lo que se debe querer, por qué se debe querer y cómo se debe querer.

Pues bien, el descubrimiento de Sócrates es que el alma, al igual que el cuerpo, es plástica. El principio fundamental de su educación es que al alma se le puede dar una determinada forma siguiendo un modelo.

Para Sócrates, así como la gimnasia y la medicina desarrollan y conservan las virtudes del cuerpo (salud, fuerza o belleza), la filosofía lo hace con las del alma (valentía, justicia, moderación o sabiduría). No obstante, y muy al contrario del asceta religioso, lo que Sócrates propone no es liberarnos de la pesada carga del cuerpo para centrarnos en el cuidado del espíritu. Alma y cuerpo son dos dimensiones de una única naturaleza humana que ha de ser atendida con la fórmula del poeta latino Juvenal: *mens sana in corpore sano.*

Sócrates mantenía el cuerpo sano con la gimnasia y la dieta, pero su meta era más alta. No podemos alcanzar nuestra plenitud desarrollando únicamente nuestra dimensión física y, por ello, debemos también cuidar el alma. El filósofo nos impele a cultivar las virtudes humanas para trascender una existencia animal. La virtud es una fuerza física y espiritual que nos conduce a la plena y gozosa realización de nuestro verdadero ser. La felicidad (*eudaimonía* en griego) es para Sócrates un estado de armonía con nuestra naturaleza, una manera de ser humana, una forma de sentir, de pensar y de actuar propia de nuestra especie.

No se trata tan solo de vivir como un animal satisfaciendo todos nuestros impulsos, sino de vivir bien haciendo de nuestras existencias algo bello y bueno. Con su llamada al «cuidado del alma», Sócrates inauguró una nueva forma de vida, la filosófica, basada en el cultivo del hombre interior. Persuadía a los jóvenes atenienses para que practicasen una nueva *kalokagathia* espiritual centrada en el desarrollo de estas virtudes: la *enkrateia*, la autarquía y la concordia.

- La *enkrateia* supone la vivencia de una auténtica libertad, el dominio de uno mismo frente a la tiranía de los impulsos. Para Sócrates, la libertad no es tanto una condición política como un estado del alma: el imperio de la razón sobre los instintos. La voluntad solo es libre cuando no es esclava de los apetitos, cuando es autónoma, cuando se gobierna a sí misma. Ser libre no es hacer lo que me venga en gana, esto tan solo es dejarse ganar por lo que me venga. Ser libre tampoco es una ausencia de límites, de normas o de gobierno. Ser libre significa conquistar el poder que permite «im-ponerse» límites, normas y gobierno. La *enkrateia* permite que nuestra conducta sea siempre una manifestación de nuestro hombre interior y que nuestras almas sean como una polis en la que rige un buen gobierno, por ello esta fuerza de voluntad no es una virtud más, sino la base sobre la que construir cualquier otra virtud.

- La autarquía es el estado de independencia y de ausencia de necesidades propio del sabio. Sócrates nos presenta tres arquetipos de autarquía: por un lado, Heracles, que se bastaba a sí mismo para encarar sus trabajos; por otro, los dioses, que al carecer de necesidades llevan unas existencias plenas, y por último, él mismo, al que le encantaba pasear junto a sus discípulos por el mercado de Atenas y examinar el gran despliegue de joyas, telas, perfumes, cerámicas y todas las lujosas mercancías que se exponían en los diferentes puestos, para concluir afirmando: «Ciertamente, no sabía que existieran tantas cosas que no necesito para nada».
- La concordia es una virtud cívica porque no hay vida humana sin comunidad. Vivimos insertos en comunidades como órganos en un cuerpo. De la armonía y la cooperación depende la salud tanto del todo como de las partes. El modelo socrático de relación

humana es la amistad. Sócrates la entendía como un amor al hombre bueno, y por eso aconsejaba relacionarse con los mejores. Afirmaba que uno debe buscarse un amigo que sea como un perro fiel que le proteja en un mundo de envidias, disputas y discordias; y precisamente, para ser merecedor del amor de los mejores, cultivar la amistad debe empezar con el perfeccionamiento de uno mismo, lo que Michel Foucault denominó un «cultivo de sí».[11]

La educación cívica de Sócrates nada tiene que ver con un código de prohibiciones, sino con una atención permanente a lo que conviene a uno mismo, un saber vivir bien como ser humano. Y esto solo se puede esclarecer por medio de la reflexión moral. El cuidado de uno mismo al que invita Sócrates es una relación de respeto por la cual dejamos de estar sujetados para convertirnos en sujetos de nuestros actos y, por ende, de nuestras vidas.

Cultivarse no es ya un imperativo de las castas nobles, sino de todo ciudadano. Es más, podríamos decir que el primer deber de todo ciudadano es precisamente cuidar de su alma. Y, como bien expone Apuleyo en *El dios de Sócrates,* esta regla de vida solo puede llevarse a cabo cultivando la razón:

> A pesar de que todos los hombres desean vivir lo mejor posible y de que saben que no se vive más que con el alma y de que no se puede lograr vivir mejor sin cultivarla, sin embargo no la cultivan. Pero quien quiere tener una buena vista, ha de cuidar los ojos con los que ve; quien quiere correr velozmente, ha de cuidar los pies con los que corre; igualmente, si quieres ser un púgil victorioso, has de fortalecer los brazos que sirven para el pugilato. Lo mismo ocurre con las restantes partes del cuerpo, que cada una exige su

cuidado según su propósito específico. Aunque esto todos los hombres lo ven con facilidad, no puedo dejar de preguntarme y de extrañarme, tal como son las cosas, *de por qué no perfeccionan también su alma con la razón*. Esta regla de vida es igualmente necesaria para todos los hombres, no en cambio las reglas de la pintura o las de la cítara, las cuales cualquier hombre de bien puede desdeñarlas sin remordimientos de conciencia, sin deshonor y sin ignominia. No sé tocar la flauta como Ismenias, pero no me avergüenza no ser flautista; no sé pintar con colores como Apeles, pero no me avergüenza no ser pintor; lo mismo ocurre con las demás artes, para no enumerarlas todas, puedes no conocerlas y no tener por qué avergonzarte. En cambio di, si te atreves: «No sé vivir bien, como vivieron Sócrates, Platón o Pitágoras, y no me avergüenza no saber vivir bien»; nunca te atreverás a decir esto.[12]

Frente a los animales, que se encuentran perfectamente terminados y que saben cómo han de vivir, el ser humano se define como el ser que puede y, por tanto, debe perfeccionarse junto a sus iguales. Por medio de la razón podemos examinar la vida e interrogarnos por su meta, hacer de nosotros mismos un objeto de estudio, podemos amonestarnos y corregirnos, deliberar sobre nuestra existencia, hacer un libre uso de nosotros mismos y de nuestras facultades, y, en definitiva, podemos aprender a vivir una vida digna de un ser humano.

Sócrates está convencido de que este cuidado del alma desarrollaría las virtudes cívicas necesarias para construir la mejor comunidad política.

La paradoja de la virtud

En el *Protágoras*, con una tremenda habilidad literaria y una maestría expresiva, Platón nos dibuja una de las más poderosas imágenes de su maestro. Esta vez no nos lo encontramos indagando acerca de una determinada virtud (como cuando en el *Laques* se preguntaba qué es la valentía o en el *Cármides*, la sensatez). Ahora, Sócrates toma como objetivo dilucidar si la virtud, en términos generales, es o no enseñable.

El escenario elegido por Platón no puede ser más extraordinario y dramático: el enfrentamiento entre los dos sabios y educadores más grandes de Grecia. La narración hace que el lector imagine una lucha entre dos grandes púgiles. Los argumentos, las ironías y las preguntas de ambos sobrevuelan este diálogo igual que sonoros directos y crochés. Asistimos atónitos al combate del siglo entre dos modelos de filosofar, de educar y de entender la virtud.

Hipócrates, un joven de buena familia, con ansias de triunfar política y socialmente, se planta en casa del maestro en plena madrugada y, con su bastón, aporrea la puerta. Está tan emocionado que no se aguanta las ganas de esperar a que Sócrates se levante para darle la noticia que ya corre como la pólvora por las calles de Atenas: Protágoras, el gran sofista, invitado por Pericles, ha llegado desde Abdera, la bella polis situada en las costas de Tracia, para visitar la ciudad. Los atenienses están entusiasmados por la visita de este sabio, experto en retórica, cuya alta reputación le precede. El inoportuno amigo está tan cautivado por la fama de Protágoras que no le importa pagar lo que haga falta para que sea él mismo quien le enseñe a ser sabio, y le pide a Sócrates que tenga la bondad de acompañarle hasta casa de Calias, el gran mecenas de Atenas, donde el sofista se hospeda. Sócrates está dispuesto a complacer a su amigo, pero antes, como cabe esperar, le hace una mordaz pregunta:

> El que se acerca a Hipócrates de Cos, lo hace en condición de gran médico y espera de él que le enseñe a ser médico; y el que va en busca de Fidias, lo hace por ser el mejor escultor y le paga para que este le enseñe a ser escultor. Ya que vas a pagar una buena suma de dinero a Protágoras, no estaría mal que antes te aclares en condición de qué y qué es lo que esperas aprender.[13]

El irónico punto de partida de Sócrates hace que, junto a su joven y atolondrado amigo, antes de pasar por caja nos preguntemos qué es lo que enseñan aquellos que afirman ser capaces de hacernos mejores, tal como ocurre con los *coaches*, mentores, gurús o consultores de hoy en día. Y no tanto porque podamos dilapidar nuestro dinero, sino porque, como advierte Sócrates, vamos a ofrecer nuestra alma a otro para que nos la moldee. Así pues, antes de hacer esta ofrenda, es conveniente que examinemos a qué peligros la exponemos y si es para algo bueno o para algo malo, y que lo hagamos con la misma pulcritud con la que analizamos los alimentos que los tenderos venden antes de ingerirlos, porque si el cuerpo se alimenta de estos últimos, el alma lo hace de las enseñanzas, y una mala enseñanza puede hacernos más daño que un pescado pasado de fecha.

Pues bien, ¿qué es un sofista y qué es lo que enseña? Hipócrates contesta que un sofista viene a ser lo que llamaríamos un experto. Sócrates pregunta: ¿un experto en qué?, y el joven responde que en hablar con elocuencia. No hace falta ser Sócrates para formular la siguiente e inevitable pregunta: ¿de qué sabe hablar elocuentemente un sofista? De un maestro en medicina esperamos, con razón, que hable elocuentemente de la salud, lo mismo que un músico virtuoso haga lo mismo de la práctica de su instrumento; sin embargo, ¿de qué es conocedor el sofista como para hablar tan hábilmente? Como la cosa no parece estar clara, ambos acuerdan visitar a Protágoras y verificar por ellos mismos cuál es la sabiduría que vende el sofista.

Al llegar a casa de Calias, el encuentro entre Sócrates, el genio de las preguntas, y Protágoras, el mago de las palabras, dará pie a un memorable combate a dos asaltos ante un selecto público formado por un nutrido grupo de seguidores de Protágoras llegados de todas partes y por la flor y nata de la sociedad ateniense.

Primer round

Según el relato de Platón, el tábano de Atenas comienza golpeando con una treta en la que el sofista de Abdera cae fácilmente arrastrado por su orgullo. Sócrates le presenta a Hipócrates como un joven de noble familia, con mucho potencial para llegar a ser un ciudadano ilustre, y le pregunta qué aprenderá si contrata sus servicios. Protágoras se da a conocer como un educador de hombres y le asegura al muchacho que cada día que pase a su lado, regresará a casa hecho mejor... Pero ¿mejor en qué?, pregunta Sócrates. Protágoras asegura que es capaz de hacer a los hombres mejores ciudadanos y enseñarles la virtud política. Sócrates se queda atónito ante la respuesta, pone los ojos como platos, pregunta si es eso posible, es decir, si la virtud se puede enseñar, porque él, hasta ahora, creía lo contrario, y con tal pregunta, como si sonase el metálico timbre de una campana, da comienzo el primer *round.*

Protágoras realiza un discurso magistral en el que hila hábilmente argumentos y narraciones, hechizando a los presentes, incluido el propio Sócrates, durante un largo tiempo. Su tesis es que todos los hombres tienen una capacidad natural para convivir civilizadamente y que esta puede ser perfeccionada mediante el estudio de la sofística. Protágoras está convencido de la posibilidad y de la importancia de una *educación para la ciudadanía* que hoy la Unesco define como aquella que «aspira a ser un factor de transformación, inculcando los conocimientos, las habilidades, los valores y las actitudes que los educandos necesitan para poder contribuir a un mundo más inclusivo, justo y pacífico».[14] Este tipo de educación ciudadana está basada en tres ámbitos de aprendizaje:

- Cognitivo: capacidades de adquisición de conocimientos y reflexión necesarias para comprender mejor el mundo y sus complejidades.
- Socioemocional: valores, actitudes y competencias sociales que contribuyen al desarrollo afectivo, psicosocial y físico de los educandos y les permiten vivir con los demás de forma respetuosa y pacífica.
- Conductual: conducta, desempeño, aplicación práctica y compromiso.

La Unesco está tan plenamente convencida de que la educación que ofrece Protágoras mejora a los hombres como ciudadanos, que la ha incluido como una de las metas de los Diecisiete Objetivos de Desarrollo Sostenible que la ONU pretende alcanzar para 2030, haciendo un llamamiento a todos los países para

> garantizar que todos los alumnos adquieran los conocimientos teóricos y prácticos necesarios para promover el

desarrollo sostenible, entre otras cosas mediante la educación para el desarrollo sostenible y la adopción de estilos de vida sostenibles, los derechos humanos, la igualdad de género, la promoción de una cultura de paz y no violencia, la ciudadanía mundial y la valoración de la diversidad cultural y de la contribución de la cultura al desarrollo sostenible, entre otros medios.[15]

Como le ocurre al coro que asiste a Protágoras, es probable que también nosotros hayamos quedado hechizados por la belleza de estas palabras y la bondad de sus intenciones y, precisamente por ello, no es mal asunto que nos dejemos picar por el tábano de Atenas y que sus preguntas nos ayuden a despertar de tan hermoso sueño. Con Sócrates, debemos preguntarnos: ¿es esta educación posible? Porque los hechos parecen negar tal pretensión, ya que «los más sabios y mejores de nuestros ciudadanos no son capaces de transmitir a otros la excelencia que poseen».[16] Por ejemplo, Pericles falló al intentar educar políticamente a sus propios hijos y en hacer que en ellos germinara la virtud que él poseía. Pero el de Pericles no es el único caso; son muchos los que, a pesar de ser ellos mismos virtuosos, no lograron hacer mejores a los suyos o a los de otros.

¿Por qué de padres excelentes nacen muchas veces hijos vulgares? Sócrates continúa desconfiando de que la virtud puede enseñarse, a lo que Protágoras reconoce que son pocos los capaces de hacerlo y que, de todos ellos, él es el más aventajado, motivo por el cual es justo que cobre lo que cobra. El método que Protágoras propone es el estudio y el comentario de los textos de los poetas. Recordemos, como vimos con anterioridad, que la poesía formaba parte de la educación moral de los jóvenes atenienses al proponer modelos de conducta, así como las normas y los valores socialmente respetados. El sofista está seguro de que por medio de la palabra se puede convencer al joven para llegar a ser de verdad un hombre de bien. Los sofistas hacían uso de la palabra oral, mientras que los manuales de educación para la ciudadanía utilizan la escrita, pero, en esencia, la metodología propuesta es la misma.

Ahora bien, uno no se apropia de la virtud definiéndola en un examen. Un racista bien puede memorizar el artículo 2 de la Declaración Universal de los Derechos Humanos, hacer un comentario al discurso de Luther King al final de la Marcha sobre Washington por el Trabajo y la Libertad, o realizar una exposición oral con sus compañeros de clase sobre los valores democráticos, sin que nada en el interior de su alma cambie. La razón es que las asignaturas de ciudadanía son tan solo el aprendizaje de definiciones no encarnadas, una falsa moneda.

Al término del discurso de Protágoras, el respetable aplaude y le vitorea apasionadamente, mientras Sócrates declara sentirse como golpeado por un buen boxeador, mareado y aturdido. Pero pronto se recupera y tira por tierra el argumento de Protágoras llevándolo al absurdo. Utiliza las palabras de los poetas para defender sandeces, contradicciones y sinsentidos.

Segundo round

En este segundo *round*, Sócrates toma la iniciativa e introduce un rápido juego de preguntas y respuestas que va dejando, poco a poco, sin aliento a Protágoras. El sofista se niega a aceptar la tesis socrática de que la virtud es una; para él, se puede poseer una cualidad sin las otras, como lo atestiguan aquellos hombres valientes que son ignorantes. Sócrates, por el contrario, considera que la sabiduría, la sensatez, el valor, la justicia y la piedad no son la virtud en sí misma, sino sus ingredientes fundamentales, y que para ser virtuoso se necesita no solo poseerlos todos, sino saber, como en la cocina, qué cantidad exacta se ha de poner en cada circunstancia concreta. Asimismo, cree que para actuar de forma excelente hay que saber armonizar cada uno de los ingredientes que componen la virtud, porque, como saben los buenos jueces, la justicia por sí sola puede generar una gran injusticia (*summum ius summa iniuria*), y por ello esta virtud debe ser compensada con otras como la moderación o la piedad. Cuánto y cómo dependerán del caso. Este problema parece indicarnos que, en esencia, la virtud es un determinado tipo de conocimiento.

Sócrates toma como ejemplo el valor y continúa golpeando a su rival con preguntas hasta que consigue que, a regañadientes, defina la valentía como un *conocimiento* de lo temible y de lo no temible, de lo que se deduce que la valentía y la sabiduría son cosas semejantes. Protágoras, consciente de que se está contradiciendo, enmudece y, tras una pausa, responde: «Termina tú el argumento». Sócrates concluye que la virtud misma ha de ser algún tipo de saber, que es preciso que haya una ciencia de ese saber y que, por tanto, la virtud tiene que ser enseñable. Irónicamente, las posiciones iniciales parecen haberse invertido, porque Protágoras, que se presentaba como educador de la virtud, concluye desconfiando de que esta sea una ciencia susceptible de ser enseñada, mientras que Sócrates, que se reconocía como un completo ignorante, termina demostrando que la virtud es un tipo de conocimiento, aunque esta ciencia no es la de la sofística sino, como veremos, la filosofía. El que presuntamente sabía, no sabe, y el que presuntamente no sabía, es el que sabe. Al final del combate, Sócrates es coronado ante todos como el verdadero educador.

En este diálogo, el filósofo refuta la concepción aristocrática de que la virtud es algo innato, un don divino que concede un talento o un poder particular. La virtud no es algo con lo que se nace, sino algo que se adquiere mediante un adecuado aprendizaje. Esta es la gran intuición de Sócrates: uno, si quiere, puede aprender —eso sí, no sin esfuerzo— a hacerse virtuoso.

Ambos interlocutores agradecen el diálogo y se despiden con buenas palabras porque quizá ambos saben que participar en el diálogo que indaga qué es la virtud supone de por sí una forma de ejercitarla. Preguntarse por la virtud y cuál es el camino que conduce a ella es ya comenzar a formular una respuesta que Sócrates terminó con su muerte: elegir un modo de vida tan excelso y auténtico como para que sea preferible sacrificar antes la vida que la manera de vivir.

El maravilloso texto de Platón concluye con estas palabras «Y, después de haber dicho y escuchado estas cosas, nos fuimos». Sin embargo, a los que nos quedamos nos deja con un problema sin resolver: ¿cómo se enseña la virtud? La solución deberemos encontrarla unos diálogos más adelante, en el *Menón.*

Menón

Menón es un joven noble, rico y hermoso que proviene de una ilustre familia de políticos de Tesalia, la polis de opulentos terratenientes fundada por Tésalo, hijo de Heracles, en una fértil llanura entre las Termópilas al sur, la cordillera del Pindo al oeste y el mar al este.

El muchacho se encuentra de visita en Atenas, acompañado por una considerable comitiva de esclavos. Se hospeda en casa de Anito, un acaudalado político que, como sabemos, participará en la acusación contra Sócrates. Podemos imaginar que su visita a Atenas forma parte de un elitista plan de formación que lo lleva a recorrer el Mediterráneo para entrar en contacto con los hombres más sabios e influyentes.

Según nos cuenta Jenofonte en su *Anábasis*,[17] no mucho tiempo después, siendo todavía muy joven, lo encontraremos en Asia Menor, recorriendo el Éufrates al frente de un ejército de mil hoplitas y quinientos peltastas al servicio de Ciro en su guerra contra Artajerjes II. El joven estratego se ganó la admiración del príncipe persa por su capacidad de persuadir a sus tropas para ser las primeras en afrontar situaciones de extremo peligro. Jenofonte, en cambio, no le tiene en tan buena estima; es más, lo pone de vuelta y media presentándolo como un contraejemplo de hombre virtuoso que parece no haber aprendido nada de Sócrates y que llega incluso a considerar que las personas virtuosas son débiles y, por tanto, idóneas para aprovecharse de ellas:

> Menón, de Tesalia, dejaba ver claramente sus vivos deseos de riquezas; si deseaba mandar era para adquirirlas más abundantes, y si ambicionaba honores era para obtener más beneficios. Buscaba la amistad de los más poderosos con el fin de que sus atropellos quedaran impunes, y para realizar sus deseos le parecía que el camino más corto era el perjurio, la mentira y el engaño; una conducta sencilla y recta le parecía pura necedad. Era evidente que no tenía afecto a nadie, y aun contra aquel de quien se decía amigo tramaba abiertamente sus enredos.[18]

El final del joven Menón fue trágico: Ciro perdió la guerra y a él lo mantuvieron vivo durante un año en el que fue torturado antes de asesinarlo, según Jenofonte, por causa de su maldad, a diferencia del resto de los generales, que murieron noblemente decapitados a espada. El hecho de que Jenofonte hable con tanta hostilidad hacia Menón hace sospechar que sentía hacia él una especial animadversión y que muy posiblemente la imagen que nos dibuja no se ajuste a la realidad.

Pero volvamos al comienzo de nuestra historia, a la casa de Anito, donde el grupo de ciudadanos atenienses del partido demócrata se reúne para hablar de política e invitan al joven Menón a participar del diálogo. Sócrates aparece por allí, y con la excusa de presentarse al joven tesalio, se entromete en la conversación. Es fácil imaginar al filósofo refutando con su demoledora ironía las tesis de los que allí se encontraban, así como la cara de admiración que debió de quedársele al muchacho al contemplar semejante espectáculo. Justo en ese momento arranca Platón su relato con tres preguntas que Menón dispara a bocajarro a Sócrates, que no son otras que las que pusieron en marcha la indagación que estamos llevando a cabo en este libro y que abren un melón de enormes consecuencias:

> Me puedes decir, Sócrates: ¿es enseñable la virtud?, ¿o no es enseñable, sino que solo se alcanza con la práctica?, ¿o ni se alcanza con la práctica ni puede aprenderse, sino que se da en los hombres naturalmente o de algún otro modo?[19]

Sócrates, perro listo, sabe cómo zafarse para seguir adoptando en el diálogo el papel de cuestionador. Los diálogos filosóficos parten de una proposición interrogativa del tipo «¿puede enseñarse la virtud?» con la que se formula el problema que se va a indagar y eran mantenidos por dos interlocutores que encarnaban distintos roles: el cuestionador se encargaba de atacar la tesis, mientras que el interrogado debía defenderla. El cuestionador no sostenía ninguna posición, solo atacaba formulando preguntas, hábilmente elegidas, que obligasen al interrogado a dar respuestas contradictorias con la tesis que estaba pretendiendo defender. Aristóteles nos cuenta que Sócrates siempre tenía el papel del interrogador y jamás el de quien contestaba, pues confesaba no saber nada.[20]

Ante Menón, Sócrates hace uso de su famosa estrategia y confiesa que no tiene ningún conocimiento sobre qué es la virtud y, mucho menos, sobre cómo puede esta enseñarse; sin embargo, ya que el joven tesalio ha sido discípulo de Gorgias y tuvo la suerte de estar presente cuando el sofista disertó sobre el asunto, quizá tenga a bien ilustrarle. Menón cae con facilidad en la red tendida por Sócrates y define la virtud del hombre libre como la capacidad de manejar los asuntos de la ciudad, y, al hacerlo, beneficiar a sus amigos y dañar a sus enemigos, cuidándose uno mismo de no sufrir. La de la mujer es administrar bien su casa, preservando en buen estado lo que hay dentro de ella, y obedecer a su marido. Y que, en general, hay una especie de virtud propia para cada ocupación y género de vida.

Como la lista de Menón puede ser interminable, Sócrates le ruega que no siga por ese camino y que intenten encontrar la esencia de la virtud, porque es como si al preguntarse qué es una abeja se perdiesen en identificar los diferentes tipos y especies que existen, evitando responder qué es lo que hace que una abeja sea una abeja, es decir, qué es lo que todas las abejas tienen en común al margen de sus particularidades. Porque con la virtud ha de suceder lo mismo que con la fuerza o la salud, que en nada difiere que se encuentren en un hombre o en una mujer, en un anciano o en un joven. Menón acepta las refutaciones y ensaya una nueva definición: «Ser capaz de mandar a los hombres». A lo que Sócrates vuelve a la carga con nuevas preguntas: ¿es propio del niño o del esclavo mandar?, ¿es virtuoso mandar injustamente? Menón se queda pensativo y concluye que es preciso añadir a la definición «justamente», ya que la justicia es una virtud, a lo que Sócrates pregunta si la justicia es *la* virtud o *una* virtud, algo que deben aclarar antes de continuar, no vaya a ser que estén cayendo en el mismo error de las abejas y terminen divagando en exceso. No se responde qué es el color diciendo «blanco» ni a qué es la figura diciendo «triángulo». La justicia, la moderación o el valor son partes de la virtud, pero no la virtud misma, que es lo que se intenta encontrar.

Aunque Menón está exhausto, ante la insistencia incansable de Sócrates y algún que otro piropo, como «habrás notado seguramente en mí que no resisto a los guapos», lo intenta por tercera vez:

> Pues me parece, entonces, Sócrates, que la virtud consiste, como dice el poeta, en «gustar de lo bello y tener poder». Y así llamo yo virtud a esto: desear las cosas bellas y ser capaz de procurárselas.[21]

No obstante, Sócrates liará de nuevo al pobre muchacho con sus nada inocentes preguntas: ¿puede alguien desear algo malo a sabiendas de que es malo?, ¿los que desean cosas malas lo hacen porque creen que son buenas?, ¿es virtuoso procurarse algo bueno por medios injustos?, ¿es virtuoso no procurarse una cosa bella cuando su adquisición sea injusta para uno o para los demás?

Ante tanta pregunta, Menón, que ya ha calado bien a Sócrates, nos ofrece una de las más bellas y lúcidas definiciones de «filosofía»:

> ¡Ah... Sócrates! Había oído yo, aun antes de encontrarme contigo, que no haces tú otra cosa que problematizarte y problematizar a los demás. Y ahora, según me parece, me estás hechizando, embrujando y hasta encantando por completo al punto de que me has reducido a una madeja de confusiones. Y si se me permite hacer una pequeña broma, diría que eres parecidísimo, por tu figura como por lo demás, a ese chato pez marino, el torpedo. También él, en efecto, entorpece al que se le acerca y lo toca, y me parece que tú ahora has producido en mí un resultado semejante. Pues, en verdad, estoy entorpecido de alma y de boca, y no sé qué responderte. Sin embargo, miles de veces he pronunciado innumerables discursos sobre la virtud, también delante de muchas personas, y lo he hecho bien, por lo menos así me parecía. Pero ahora, por el contrario, ni siquiera puedo decir qué es.[22]

La palabra que usa Menón para referirse a la actividad socrática, y que hemos traducido por «problematizar», es *apeiro*, que se compone del prefijo negativo *a-* y del verbo *peiro* («atravesar, conducir, llevar»). De ella se deriva *aporía* («dificultad de paso»), que los filósofos académicos usaron con el significado de «no concibo esto» o «esto no puede ser aclarado» para referirse a razonamientos en los cuales surgen contradicciones o paradojas irresolubles y al recurso filosófico para negar una vía y afirmar la contraria llevando al interlocutor a una situación de imposibilidad lógica de lo que estaba afirmando.

Es sin duda una traducción menos elegante, excesivamente coloquial, pero si Menón fuera un adolescente de hoy, muy probablemente hubiera dicho: «¡Ah... Sócrates! Había oído yo, aun antes de encontrarme contigo, que no haces tú otra cosa que rayarte y rayar a los demás». Pero es que es precisamente eso lo que hace la filosofía con nosotros: rayarnos, perturbarnos, trastornarnos, obligarnos a dar vueltas hasta cansarnos, obsesionarnos con sus preguntas. Ahora bien, como advierte Menón, una vez formulados, los problemas filosóficos se nos pegan a la piel con tal adherencia que es imposible desprendernos de ellos, quedándonos hechizados. El problema filosófico tiene el poder de embrujar en cualquier tiempo a cualquier ser humano digno de ser llamado así.

Sócrates usa la *aporía* para desvelar las falsas certezas y las opiniones erróneas. Con su arte de preguntar nos refuta para alejar de nosotros la desdichada ignorancia como el médico compasivo usa su arte para combatir la enfermedad. El examen socrático nos libera de los lastres del prejuicio y las muletas de la opinión mayoritaria para conducirnos, por nosotros mismos, hacia una convicción cierta.

No es fácil ni agradable dejarse examinar por Sócrates, pero los beneficios son extraordinarios. Menón así lo entiende y por ello no elude el regalo que el filósofo de Atenas le ofrece de ir a cazar juntos la verdad, aunque el joven tesalio le plantea una seria duda: ¿cómo podrán buscar algo que ni siquiera saben qué es? Sócrates le responde que la verdad es aquello que no se puede olvidar.

La palabra griega para *verdad* es *alétheia,* negación de *léthe* («ocultamiento, olvido») y que comparte raíz con el Lete, el río del inframundo en el que las almas, al beber, olvidaban sus vidas pasadas antes de reencarnarse. Etimológicamente, la búsqueda de la verdad implica tanto el «desocultamiento» como recordar aquello que no debe ser olvidado. De ahí se deriva una concepción previa del ser como lo escondido u ocultado que, cuando es conocido verdaderamente, se «des-oculta» y muestra lo verdadero (*alethés*).

Sócrates «des-vela» que la multiplicidad de cosas concretas, sometidas a variación, tienen una esencia universal, invariable y común a todos los entes de la misma especie y que puede ser captada mediante un análisis racional. El filósofo cita unos versos en los que Píndaro afirma que «conocer es recordar» para explicar con ello a Menón, de forma alegórica, que conocer supone una forma especial de memoria, que llamamos «razonar», por la que se descubren «verdades anteriores», no en el sentido cronológico, sino lógico, como ocurre con las verdades matemáticas.

Al razonar, alcanzamos verdades independientes de nuestro punto de vista, prejuicios, opiniones, deseos, fobias y filias. El teorema de Pitágoras es una verdad universal y necesaria, y, por ello, sabemos *con anterioridad* que se cumplirá en cualquier triángulo rectángulo. La certeza de este teorema es completamente indiferente al género, la ideología, la moral o la clase social de quien lo enuncia. Que el cuadrado de la hipotenusa de un triángulo rectángulo es igual a la suma de los cuadrados de los catetos no lo sabemos por haber medido una cantidad ingente de triángulos rectángulos, sino por una demostración que lo valida, de una sola vez, para todo triángulo rectángulo posible.

A través de una serie de ejercicios matemáticos, Sócrates invita a Menón a hacer uso del razonamiento para encontrar unos valores universales que puedan fundamentar una vida humana digna. En los asuntos humanos no basta solo con tener una recta opinión, sino que debemos esforzarnos en adquirir conocimiento, igual que en las matemáticas no es suficiente conocer el resultado final, sino que debemos ser capaces de deducirlo por nosotros mismos.

El diálogo filosófico no es un ejercicio retórico por el cual uno aprende a defender o atacar cualquier posición. Es más bien un ejercicio espiritual que exige a los interlocutores una determinada ética. No se trata de imponer «nuestra verdad»; muy al contrario, el diálogo enseña a ponerse en el lugar del otro y a sobrepasar nuestro punto de vista. Un auténtico diálogo tan solo es posible cuando se quiere dialogar de verdad. Por eso es tan importante para Sócrates ir renovando este acuerdo en cada etapa de la discusión, anotando y explicitando los puntos o las ideas que han soportado la refutación y que, por tanto, han sido admitidas como verdaderas por todos los participantes: ¿no estamos de acuerdo en esto?, ¿aceptamos entonces esto como válido?, ¿recuerdas que anteriormente habíamos determinado juntos que...? Así, los interlocutores, en la medida en que se someten a la racionalidad y a la universalidad, descubren por sí mismos una verdad que, como la de las matemáticas, es independiente de ellos. El objetivo final del diálogo socrático es que los participantes lleguen a admitir en común posiciones que rebasan sus puntos de vista particulares.

Ante la mirada atónita de Menón, Sócrates hace uso de su método dialógico para ayudar a un joven esclavo, que no posee educación, a «recordar», es decir, a razonar por sí mismo la prueba a un caso especial del teorema de Pitágoras. Al finalizar este singular experimento, Sócrates pregunta a Menón:

> ¿Crees acaso que él hubiera tratado de buscar y aprender esto que creía que sabía, pero ignoraba, antes de verse problematizado y convencido de no saber, y de sentir el deseo de saber?[23]

Obviamente, de quien está hablando Sócrates ahora ya no es del esclavo, sino del propio Menón, al que le hace ver que el primer paso para educar la virtud es «problematizar», rayar, la idea preconcebida y acrítica que se tiene para despertar el deseo de conocerla por uno mismo.

Por este motivo, Sócrates le hace seguidamente la siguiente invitación:

> ¿Quieres, pues, ya que estamos de acuerdo en que hay que indagar lo que uno no sabe, que intentemos en común buscar qué es la virtud?[24]

Afortunadamente para nosotros, Menón acepta entusiasmado, y así nos permite caminar a su lado por el sendero que conduce a la virtud, una travesía a la que, como bien sabe Sócrates, solo podemos invitar pero nunca forzar.

Sócrates ha dedicado tiempo y esfuerzo a problematizar las ideas preconcebidas de Menón, porque de una buena concepción de la virtud depende que las personas quieran y puedan ser mejores. Cuando se nombra la palabra *virtud,* todavía se malentiende como un «ser moralmente bueno», esto es, cumplir las normas que la autoridad moral de turno determina. Pero ¿qué dignidad hay en obedecer las normas de alguien que piensa por mí? ¿Puede un ser humano desarrollarse como tal renunciando a pensar, delegando en otros semejante poder? Porque la virtud parece ser precisamente eso, un poder.

La palabra *poder* tiene dos sentidos. El primero de ellos se refiere a la facultad o potencia de hacer algo, es decir, una posibilidad que aún no es realidad. El segundo, que es al que se refiere la virtud, se identifica con la energía; es la fuerza que te permite conseguir lo que te propones y, al mismo tiempo, hacerlo justamente, o lo que es lo mismo, en beneficio de la comunidad.

La virtud es el poder que nace del desarrollo de nuestras facultades. Es perfección, pero no perfeccionismo. La palabra *perfección* proviene del latín *perfectio* y significa «acción o efecto de dejar algo completamente hecho y acabado», o como decía Píndaro, llegar a ser quien (por naturaleza) eres. El perfeccionismo, en cambio, nace de un profundo desconocimiento de nuestra naturaleza y nos empuja hacia el tenebroso abismo de la frustración y la desolación por querer alcanzar metas que son impropias a nuestro ser, como la de no cometer errores o ser entes angélicos.

La virtud es la tecla que activa nuestro desarrollo como seres humanos y, precisamente por eso, debiera ser el objetivo último de toda buena educación. La virtud política es para Sócrates una virtud integral, y esto implica que solo es buen ciudadano el que consigue ser buena persona (quizá esta misma idea era la que tenía Kant en la cabeza cuando afirmaba que la mejor opción política es la honradez).

Sócrates y Menón concluyen su diálogo «des-velando» que la virtud debe ser algo bueno y beneficioso para nuestra alma. Seguidamente, observan que de la justicia, de la valentía o de la moderación podemos hacer un mal uso (recordemos el caso del terrorista valiente) hasta el punto de llegar a hacernos daño. En consecuencia, la virtud ha de ser un discernimiento, una sabiduría sobre cómo hacer un buen uso de las cosas para la salud de nuestra alma; es sensatez, saber emplear la herramienta del juicio con la que tomar decisiones acertadas ante cualquier situación; es conocimiento de lo que es y de lo que no es, saber tener criterio, saber tener elementos de juicio. La valentía, por ejemplo, es el arte de saber cuándo y en qué manera enfrentarse o no a un peligro. Así, tanto el temerario como el cobarde son, en el fondo, unos pobres ignorantes: el primero, por no saber a qué ha de tener miedo, y el segundo, por temer lo que en verdad no debe ser temido.[25]

Si la virtud es una sabiduría, no puede ser algo innato ni algo que se adquiere por azar, sino con dedicación plena y esfuerzo. La virtud es un arte a cultivar y, como todo arte, ha de poder enseñarse y debe haber maestros, pero ¿dónde encontrarlos?

Si queremos tener buena salud, vamos al médico, y si queremos tener un buen calzado, vamos al zapatero; sin embargo, ¿dónde ir si lo que queremos es tener virtud? Los que en la época se presentaban como maestros de virtud eran los sofistas, pero Sócrates, como sabemos, duda de ello; es más, cree que sus servicios, lejos de mejorar a la juventud, la empeoran, y no entiende cómo la gente sigue haciendo uso de ellos. Con su majestuosa ironía, se pregunta qué haríamos si los zapateros que reparan calzado nos lo devolvieran en peor estado del que se lo entregamos.

¿Cómo salen los jóvenes de nuestra escuela?, ¿mejores o peores? ¿En qué estado quedan para ejercer la ciudadanía? ¿Qué deberíamos hacer con aquellos que prometen que su modelo educativo es capaz de dotar a nuestros hijos de las capacidades, los conocimientos y la reflexión necesarios para comprender mejor el mundo y sus complejidades, y de valores, actitudes y competencias sociales que contribuyen a su desarrollo afectivo, psicosocial y físico, y que les permiten vivir con los demás de forma respetuosa y pacífica? ¿Es nuestra educación *la mejor* educación? ¿Qué hacer con los *coaches,* los mentores, los consultores, los psicólogos, los orientadores o los pedagogos? ¿Tendremos que considerarlos locos por creerse sabios?, ¿o quizá los dementes somos nosotros por emplear sus servicios a cambio de dinero?

Sócrates le pregunta a Anito adónde debería acudir Menón si quisiera hacerse virtuoso, y el otro responde que deje de perder su tiempo y su dinero con los sofistas, los supuestos maestros de virtud, y que acuda a cualquiera de los atenienses bellos y buenos, esto es, a un *kaloskaga-*

thos, porque su forma de ser y de vivir le indicará cuál es la conducta virtuosa.

Sin embargo, Sócrates no está tan seguro, y presenta dos objeciones: ¿de quiénes aprendieron los hombres buenos la virtud y cómo es posible que muchos de ellos no fuesen capaces de educar en ella a sus propios hijos? Anito, que no tiene ni respuestas ni paciencia para Sócrates, se ofende y concluye con una amenaza que se hará efectiva, no mucho tiempo después, en el Tribunal de los Quinientos. En esto tampoco parece que hayamos cambiado mucho, pues aún hoy, en una sociedad sorprendentemente cada vez más puritana, se sigue esgrimiendo el supuesto derecho a no ser ofendido como anatema para censurar un debate que se está perdiendo ante argumentos de peso y evidencias científicas.

Anito «el ofendidito» abandona el diálogo, mientras Menón y Sócrates prosiguen su búsqueda y parecen llegar a un enigma de difícil solución: la virtud a veces es enseñable y a veces no. La pregunta inevitable es: ¿por qué? Platón es sutil al finalizar su narración con una especie de acertijo: solo un hombre ha sido capaz de hacer verdaderos hombres a los demás, solo un ciudadano ha sido educador de ciudadanos, solo un político ha recibido el don divino de hacer políticos a los demás. Ese maestro de virtud no es otro que el propio Sócrates.

Aun así, la virtud sigue, y seguirá, siendo a veces enseñable y a veces no. ¿Por qué? Intentemos descifrar el enigma. La virtud puede enseñarse, pero si y solo si el alumno quiere aprenderla, ya que el fruto de esta educación nunca es lo que el educador ofrece, sino lo que el educando toma. La virtud, al ser el talante existencial del *kaloskagathos* o, si se quiere, del buen ciudadano, no puede ser enseñada mediante una asignatura, no puede aprehenderse a través del estudio de manuales o libros de texto, no es una doctrina de contenidos y conceptos, no es una herramienta intelectual, sino una gimnasia espiritual. Por esta razón, Sócrates no se consideraba maestro, ya que no enseñaba ninguna doctrina.

Solo se puede educar la virtud desde la convicción de que lo hacemos con un ser libre. Solo se puede enseñar a ser mejor persona a quien desee realmente ser mejor persona, de lo contrario no haríamos otra cosa más que arar, una y otra vez, un campo que no ha sido sembrado.

¿Cómo plantar esa semilla? Aprendamos de Sócrates: con el trato afectivo. La pedagogía socrática bien la supo definir el tirano Critias cuando prohibió al filósofo andar con jóvenes, preguntar aun cuando se sabe la respuesta y fomentar en ellos la autonomía de juicio. Sócrates educaba a través de la poderosa impresión que causaba su personalidad. Los jóvenes lo buscaban y pasaban tiempo con él porque admiraban la belleza de su carácter y disfrutaban contemplando su comportamiento ejemplar. Sócrates no les enseñaba, pero ellos sí aprendían de él al tratarlo, al afiliarse (del griego *philos*, que significa «amor fraterno, amistad, afecto») con él. Debían de quedar entusiasmados al escucharle examinando y desenmascarando, con su ingeniosa ironía, a corruptos, engreídos o prepotentes, hablando con autoridad ante la asamblea de ciudadanos, tratando con los comerciantes en el mercado, bebiendo en los banquetes o haciendo chistes en el gimnasio. Hasta en la actividad más prosaica y ordinaria, la conducta de Sócrates era excelsa y brillaba con la pureza del oro ante los ojos de los que tenían la suerte de contemplarla.

Este fulgor que su persona deprendía fue lo que llevó a muchos jóvenes a desear la virtud y a imitarlo con la esperanza de llegar a ser tan íntegros como él. Sócrates no daba clases magistrales sobre la virtud, no aleccionaba ni adoctrinaba, no comentaba textos de autoridades, no definía conceptos y ni siquiera daba, a los que le seguían, razones para cultivar la virtud, sino que los *afectaba* con su manera de ser y de vivir, y por eso nunca los llamó alumnos ni discípulos, sino compañeros y amigos.

La educación socrática es, por tanto, una educación del afecto, o quizá mejor, por el afecto. El tábano de Atenas bien sabía que la virtud no se puede imponer, ni mantener, contra la voluntad de alguien, algo que Wittgenstein expresó de manera brillante en la proposición 6.422 de su *Tractatus*:

> El primer pensamiento que surge cuando se propone una ley ética de la forma «tú debes» es: ¿y qué si no lo hago? Pero es claro que la ética no se refiere al castigo o al premio en el sentido común de los términos. Así, pues, la cuestión acerca de las consecuencias de una acción debe ser irrelevante. Al menos, estas consecuencias no pueden ser acontecimientos. Pues debe haber algo justo en la formulación de la cuestión. Sí que debe haber una especie de premio y de castigo ético, pero deben encontrarse en la acción misma. (Y esto es también claro, que el premio debe ser algo agradable y el castigo algo desagradable.)[26]

Educar éticamente a alguien no es coaccionar, meter en cintura, doblegar, imponer, ya que todo educando es un ser libre y, por tanto, siempre podrá decir: «¿Y qué si no lo hago?».

La educación ética es similar a la conquista amorosa porque nadie puede obligar a amar y porque, si así fuese, ese amor carecería ya de todo valor. Educar éticamente implica enamorar y afectar en tal manera que uno desee la virtud como el amante desea al amado. Por eso no basta con que el alumno tenga un talento natural, unas condiciones socioeconómicas adecuadas o provenga de una buena familia; tampoco que el educador disponga de los instrumentos, los métodos y los conocimientos adecuados.

La virtud solo se educa queriendo: el educando, queriendo aprender, y el educador, queriendo educar. Tanto en el amor como en la educación de la virtud media la libertad. Sócrates supo ver que la mejor estrategia para conseguir que el educando desee libremente emular el bien es que el educador encarne la virtud, que se convierta él mismo en un modelo a imitar. Sobre esta pedagogía socrática de la imitación, Epicteto le decía a un gobernador romano que se vanagloriaba de tener poder de mandar sobre los hombres:

> Esto no es un gobierno de hombres. Gobiérnanos como a seres racionales, mostrándonos lo conveniente, y lo seguiremos. Muéstranos lo perjudicial y nos apartaremos de ello. Haznos imitadores tuyos como Sócrates los hacía suyos. Él era el que gobernaba como se gobierna a los hombres, el que hacía que le estuvieran sometidos el deseo, el rechazo, el impulso, la repulsión. «Haz esto; no hagas lo otro. Si no, te meteré en la cárcel.» Esto no es ya gobierno de seres racionales; por el contrario [...] si no lo haces te vendrán perjuicios. ¿Qué perjuicios? [...] Destruirás al hombre leal, respetuoso, ordenado. No busques otros daños mayores que estos.[27]

Don Francisco Giner de los Ríos también se inspiró en esta pedagogía socrática cuando en 1876 puso en marcha el mejor proyecto pedagógico que ha tenido este país: la Institución Libre de Enseñanza, un tipo de escuela que, por cierto, no viene mal recordar que de lo que era libre era del Estado. La ILE nació para no tener que aceptar los dogmas pedagógicos oficiales y para asegurar la libertad de cátedra del profesorado. Se propuso educar desde la más absoluta libertad, se negó a ser una escuela de propaganda y educó en una atmósfera de tolerancia y neutralidad en cuestiones ideológicas, lo que supuso una bocanada de aire fresco en la intransigente, dogmática y crispada vida española.

Su meta era el pleno desarrollo de la persona; es decir, lo que Sócrates llamaba la *areté* integral. Se pretendía preparar a los jóvenes para ser científicos, hombres de leyes, médicos, maestros, pero, sobre todo, para ser personas capaces de gobernar su propia vida. De lo que se trataba era de continuar el legado socrático de regenerar la democracia formando hombres cabales, con altos ideales éticos, que hubiesen desarrollado todas sus capacidades físicas e intelectuales.

La ILE intentó educar el hombre capaz de regenerar la situación moral del país y potenciar un nuevo modelo individual y colectivo, más racional, más ético y más humano. De ahí el papel fundamental que dio a las humanidades, ya que las disciplinas humanísticas no solo ayudan a entender quiénes somos, sino que nos muestran las formas más elevadas de humanidad y, con ello, nos invitan a traspasar nuestros propios límites propiciando el cultivo de cualidades sin las que es imposible alcanzar la altura humana necesaria para construir democracias reales y no tan solo formales.

Es imposible educar las virtudes ciudadanas desde una escuela que, como la nuestra, denosta las humanidades y aboga por formar productores de mercancías incapaces de cualquier espíritu crítico con el que destapar falacias y combatir dogmatismos, sin una conciencia moral autónoma con la que discernir los valores más elevados y los principios éticos fundamentales, sin gusto estético para emocionarse ante la belleza, la justicia y el bien, y tarados para el tipo de diálogo que la democracia exige.

No es casualidad que, bajo estos principios pedagógicos, los fundadores de la ILE apostasen por el método socrático para enseñar a razonar con rigor. Sobre don Francisco Giner de los Ríos, el Sócrates español, decía uno de sus discípulos que

> hablaba mucho, pero siempre como interlocutor, jamás como catedrático. Sus principales empeños eran: despertar el anhelo y la curiosidad intelectuales; segundo, formar en cada uno de nosotros la capacidad personal de reflexión, y, por último, infundirnos el sentido de lo científico, que, a su parecer, era inseparable de la incesante autocrítica, jamás plenamente satisfecha.[28]

Antonio Machado, que también fue su discípulo, cuenta que

> en su clase de párvulos, como en su cátedra universitaria, don Francisco se sentaba siempre entre sus alumnos y trabajaba con ellos familiar y amorosamente. El respeto lo ponían los niños o los hombres que congregaba el maestro en torno suyo. Su modo de enseñar era socrático: el diálogo sencillo y persuasivo. Estimulaba el alma de sus discípulos —de los hombres o de los niños— para que la ciencia fuera pensada, vivida por ellos mismos.

Y Miguel de Unamuno recuerda:

> Nunca olvidaremos nuestras conversaciones con él, con nuestro Sócrates español, con aquel supremo partero de las mentes ajenas. Inquiría, objetaba, obligaba a pensar. Y después de una de aquellas intensas charlas con él volvíamos a casa [...] habiendo descubierto en nosotros mismos los puntos de vista que ignorábamos antes, conociéndonos mejor y

conociendo mejor nuestros propios pensamientos. [...] Este era el maestro.[29]

Don Francisco Giner de los Ríos aprendió de Sócrates que, en la formación del carácter, el factor decisivo es la personalidad virtuosa de un maestro que educa, no con sermones, sino mediante el trato. La virtud puede ser enseñada en una relación de amistad con las mejores personas:

> Tal vez muchos de los que van diciendo que son filósofos podrían objetar que un hombre justo no podría nunca volverse injusto, ni el sensato impulsivo, ni en ninguna otra materia donde el aprendizaje es posible el que la ha aprendido podría nunca volverse ignorante. Pero yo no pienso igual sobre eso; pues veo que, así como los que no entrenan sus cuerpos no pueden realizar las actividades corporales, tampoco las actividades del espíritu las pueden realizar quienes no han ejercitado su espíritu, pues no son capaces ni de hacer lo que hay que hacer ni de abstenerse de lo que hay que abstenerse. Es por ello que los padres apartan a sus hijos, a pesar de que sean sensatos, de las personas malvadas, en la idea de que el trato con los bondadosos es un ejercicio de virtud; pero con los malvados, su ruina. Lo atestigua aquel de los poetas que dice: «De los buenos aprenderás cosas buenas, pero si con los malos te mezclas, arruinarás incluso la razón que hay en ti». Y el que dice: «Mas un hombre bueno unas veces se comporta mal y otras bien». [...] Así que a mí al menos me parece que todas las cualidades de la integridad moral hay que ejercitarlas, especialmente la sensatez; pues los placeres, que están implantados en el mismo cuerpo con el alma, la persuaden no a la sensatez...[30]

Aun así, siempre estamos expuestos al fracaso, y esto es lo que hace que la virtud sea y no sea enseñable, porque, al ser la enseñanza una relación en libertad, debemos tener siempre presente que recibir la mejor educación, de parte de los mejores hombres, no garantiza la perfección de todo educando. En última instancia, tiene que ser el alumno quien quiera adquirir la virtud y se esfuerce en conseguirla.

Alcibíades: el fracaso

Alcibíades fue uno de los jóvenes más brillantes de la aristocracia ateniense. Tenía todas las cualidades necesarias para llegar a ser un *kaloskagathos*: pertenecía a dos de las tres familias que formaban parte de los eupátridas («los bien nacidos» o «de buenos padres», la antigua nobleza del Ática), era sobrino de Pericles, poseía una excelente condición y gran fortuna, era un líder nato, gracioso, inteligente, valiente, intrépido y ambicioso, y estaba dotado de una embriagadora belleza, tanto física como de carácter, que le hacía descollar y ser el foco de atención en cualquier lugar en el que apareciera. De su hermosura dice Plutarco que floreció en su semblante en todas las edades, de niño, de jovencito y de varón, haciéndole siempre amable y gracioso.[31]

Su padre murió cuando era aún niño, y su tío, Pericles «el Olímpico» y «primer ciudadano de Atenas»,[32] se encargó personalmente de su educación con el objetivo de crear un ser humano virtuoso y el mejor político que el mundo hubiera conocido. Pericles sembró la semilla de la virtud en el alma del muchacho y, seguramente, esta fue la razón por la cual Alcibíades, deseoso de hacerla florecer, se acercó a Sócrates y comenzó a tratar con él, convirtiéndose en uno de sus amigos más queridos y en su más doloroso fracaso. Hijo del más alto linaje y tutelado desde pequeño por los ciudadanos más preeminentes de la democracia, todos esperaban que llegase a ser el más virtuoso de todos los grandes hombres de Grecia. La pregunta es por qué Sócrates no supo educar al joven más brillante de Atenas y con mayor potencial político.

El talón de Aquiles del muchacho era su *hibris*, término con el que los griegos se referían a la desmesura de orgullo, arrogancia, transgresión de los límites e insolencia, y que se oponía al ideal clásico de «nada en exceso». Desde pequeño, siempre quiso ser el primero, salirse siempre con la suya y ser reconocido por sus éxitos. Tomó como imperativo vital el mandato homérico que encontramos en la *Ilíada*: «Destaca siempre y supera a los demás». Estuvo, como la mayoría de los adolescentes, sujeto a grandes pasiones, y de todas ellas, la que más poder tenía sobre él era la ambición de ser el primero a cualquier precio, como demuestra la anécdota que nos narra que, en cierta ocasión, cuando estaba a punto de perder un combate en la palestra, se deshizo de la llave de su oponente mordiéndole con fiereza en los brazos, a lo que este repuso: «Muerdes, ¡oh, Alcibíades!, como las mujeres», y él respondió: «Muerdo como los leones». O aquella otra que nos lo presenta de niño enfrentándose a un carretero que le exigía a voces que dejase de jugar y se apartase del camino: Alcibíades se tumbó en el suelo y le desafió a que le pasase por encima. ¿Resoluto o contumaz? ¿Valiente o temerario? ¿Luchador o tramposo? ¿Autoestima o vanagloria? La ambivalencia del personaje, como la de todos nosotros, estará siempre presente a lo largo de su vida.

Alcibíades disfrutaba provocando y fardando, lo que causaba que fascinara y escandalizara por igual. Los ojos de los atenienses, educados en la mesura y la frugalidad, debían de quedar obnubilados cuando el jovenzuelo se pavoneaba por el Ágora con una exclusiva y carísima túnica púrpura que le llegaba hasta el suelo, o cuando montaba uno de sus lujosos caballos de carreras, o cuando costeaba de su propio bolsillo obras y fastos para la ciudad. Gastaba demasiado, hasta el punto de que, a pesar de su riqueza, siempre andaba falto de dinero. Sus gustos le hacían ir más allá de lo que le permitían sus recursos. Jacqueline de Romilly[33] nos cuenta en su estudio sobre el personaje que era la *vedette*, el niño mimado de Atenas, al que todo se le permitía y se le reían todas las gracias. Hoy sería comparable a una estrella del fútbol, del cine o de la música, con la salvedad de que por entonces todos los ciudadanos de Atenas lo conocían personalmente y tenían trato con él.

Su talento para la persuasión era asombroso. De pequeño, Alcibíades se negó a aprender a tocar la flauta usando como argumento que deformaba la cara. La ingeniosa negativa del niño fue tan celebrada, que la flauta se suprimió del programa de estudios. Hasta el defecto de pronunciación que tenía al hablar le agraciaba y le daba un encanto que contribuía a la persuasión. Sabía engatusar como nadie. Plutarco nos lo presenta seduciendo a un sátrapa persa y manipulándolo a su capricho. Era un maestro de la palabra. Sabía cómo convencer a la multitud con su elocuencia mezclando adecuadamente argumentos, promesas y seducción. Autoridades en retórica y oratoria como Demóstenes o Teofrasto hablaban de él con profunda admiración. De todos los hombres, él era el más capaz de encontrar e imaginar la palabra que convenía a cada circunstancia.

No solo tenía talento para la política, sino una arraigada y firme vocación. Ansiaba emular a Pericles y desempeñar, como su tío, un papel político que le granjease la gloria eterna. Sócrates, que lo tenía bien calado, sabía cómo ironizar con los sueños de grandeza del muchacho:

> ¿Cuál es, pues, la esperanza que te hace vivir? Piensas que si, un día, tomas la palabra ante el pueblo —y cuentas con hacerlo muy pronto— convencerás a los atenienses, de inmediato, de que mereces más consideración que Pericles y que todos los que fueron antes que él, y te dices que, a partir de ese momento, serás todopoderoso en esta ciudad. Y, si eres poderoso aquí, lo serás también en tierras de los otros griegos; pero ¿qué digo?, no solo de los griegos sino también de los bárbaros que habitan el mismo continente que nosotros...[34]

Aunque todos adulaban a Alcibíades, Sócrates nunca fue condescendiente con él. Le echaba en cara sus vicios, le mostraba lo lejos que se encontraba de la virtud y reprimía su vano y necio orgullo.

El maestro sabía cómo manejar el alma del muchacho para sacar de ella su bondad natural. Las palabras de Sócrates conmovían el corazón del joven hasta el punto de arrancarle lágrimas. Solo ante él mostraba Alcibíades vergüenza y temor, ablandándose como el hierro ante el fuego. La conversación íntima con Sócrates corregía su vanidad y la pasión desenfrenada por el lujo, a la vez que le hacía moderado y prudente. Sócrates era consciente de que la fuerza que movía al muchacho no era el deseo de alcanzar la virtud, sino una ambición sin límites que podía terminar destruyendo su nobleza, y por ello su pedagogía estuvo encaminada a sanar el corazón de Alcibíades, convirtiendo la filosofía en una medida del alma.

Sócrates le tenía un especial cariño, quizá porque se veía reflejado en él cuando era joven. Es muy posible que el filósofo, antes de descubrir su vocación, sintiese en su juventud el mismo afán de gloria, ya que la sociedad ateniense valoraba a quienes aspiraban al éxito. Sócrates se convirtió en un modelo que hacía de contrapeso de las desaforadas pasiones del muchacho.

El encantamiento del maestro tenía tanto poder que Alcibíades comenzó a imitarlo, torpe y superficialmente al principio, como los amantes primerizos que enardecidos por el *eros* (el amor pasional, puro deseo inconsciente que busca la autosatisfacción) son incapaces de experimentar la *philía* (el amor desinteresado, como el de la amistad, que busca el bien del otro, solidario, fraternal y leal). Alcibíades se convirtió en el *alter ego* de Sócrates, algo que, como nos cuenta Plutarco, conmocionó a todos. A la gente le sorprendía mucho verle en la misma tienda que el filósofo, haciendo ejercicio y comiendo junto a él. Debía de ser algo tan extraño como ver a una *top model* tomando los hábitos en un monasterio, o a un bróker de Wall Street abandonando su oficio y su beneficio para vivir bajo la tutela de un maestro budista.

La admiración que el joven sentía hacia Sócrates es un impulso que va elevando progresivamente su alma. Alcibíades, como la mayoría de los adolescentes, tiene al *eros* como motor de vida: hago lo que me gusta, lo que me «a-pasiona». Este es un tipo de amor involuntario que el inglés expresa bien con su *fall in love* (literalmente, «caer en el amor») y que Sócrates sabe aprovechar para comenzar su dialéctica del amor.

Ignacio de Loyola afirmaba que es propio del demonio entrar con la nuestra para salirse con la suya. Sócrates, que reconoció seguir a un *daimon* interior, sabe hacer uso de esta estrategia para ir, escalonadamente, desde lo bello hacia lo bueno. Sócrates sabe que el educador debe comenzar enamorando para que la virtud no termine empapando por osmosis, para que se nos meta por los poros. La figura de Sócrates enamora hasta tal punto a los jóvenes que estos sienten el deseo de conocerle y tratarle. Los jóvenes quieren pasar cada vez más tiempo junto a él para contemplar el extraordinario comportamiento de un hombre íntegro al que comienzan a imitar, y ese es el momento justo en el que Sócrates, a través de la conversación filosófica, va orientando sus miradas desde su propia figura hacia la virtud.

En la pedagogía socrática se pasa de *querer ver* a la persona digna de admiración a *querer ser* como ella para terminar *queriendo la virtud* que ella encarna; se pasa de querer ver a un hombre íntegro a querer ser un hombre íntegro para terminar queriendo la integridad.

Sócrates sabía que necesitamos belleza para comenzar a caminar hacia la virtud porque la razón no mueve, solo la emoción conmueve. La enseñanza ética debe ser emocional. De lo que se trata es de provocar en el joven sentimientos morales: vergüenza ante el mal, valentía para hacer el bien, amor a la justicia, ira ante la injusticia, lealtad frente al amigo, etc. La filosofía para Sócrates no es un contenido, sino la herramienta para crear ciudadanos virtuosos capaces de establecer relaciones humanas de calidad. Tampoco es una doctrina de conceptos, sino un ejercicio espiritual que moldea el alma y la dispone para la virtud. Ha de ser enseñada y practicada como se enseña y se practica la educación física; de hecho, como ya hemos apuntado, los antiguos gimnasios eran lugares en los que se ejercitaba por igual filosofía y gimnasia. La filosofía, como diálogo, desarrolla el talante existencial adecuado para llegar a ser un auténtico *kaloskagathos*.

Sócrates guía unos diálogos en los que los jóvenes reflexionan y comparten sus conocimientos sobre la virtud. Pero como el diálogo solo puede ser practicado en un marco de amistad, Sócrates eleva al joven desde el *eros* hasta la *philía*. La virtud solo puede germinar «a-filiándose» con los buenos, por eso tiene tanta importancia que el muchacho llegue a preguntarse quiénes son los buenos amigos. La *philía* es, frente al *eros*, una relación voluntaria en la que se ama lo que conscientemente se sabe bueno. La *philía* es tal vez la primera virtud a educar, o el primer ejercicio de virtud, ya que posibilita la constitución de una comunidad en la que pueda ser cultivada. No hay virtud sin comunidad. La virtud, como ya hemos examinado, se ejercita en el seno de una comunidad y debe redundar en su propio bien, porque como canta el poema de John Donne: «Ningún hombre es una isla entera por sí mismo. / Cada hombre es una pieza del continente, una parte del todo».

Sócrates creó una *comunidad de aprendizaje de la virtud* en la que no enseñaba («no sé nada»), pero donde los que lo trataban aprendían. Por eso no cobraba, como los sofistas, e insistía en que no era maestro ni tenía discípulos, sino que su actividad se limitaba a dialogar con amigos, con gente que *libremente* quería pasar tiempo con él:

> Aunque jamás he sido maestro de nadie, si alguien, joven o mayor, ha sentido deseos de oírme u observarme, nunca lo he rehusado. No soy hombre que hable por dinero o que me calle si me lo dan. Estoy a total disposición tanto del rico como del pobre para que me pregunten cuanto deseen y todos podéis contrastar lo que digo. Jamás me he negado a dialogar. Y si alguno, por todo ello, se convierte en un hombre mejor o peor, no se me eche a mí el mérito ni el castigo, ya que jamás prometí a nadie ningún tipo de enseñanza ni de hecho la enseñé. Por ello, si sale alguien que dice que ha aprendido algo porque ha recibido lecciones mías, ya sean particulares o públicas, podéis estar seguros que os está mintiendo.[35]

La virtud solo se aprende en un entorno de amistad de hombres libres que el dinero puede llegar a corromper.

La virtud es enseñable en el sentido de que es imposible educar a alguien contra su voluntad, pero sí se puede aprender si el aprendiz así lo quiere. Tratar íntimamente con Sócrates y formar parte de su círculo de amigos no garantiza el aprendizaje de la virtud. Y, además, de igual manera que se puede aprender, también se puede desaprender, como ocurrió con Alcibíades, al que le pudo más el ansia de gloria que el proyecto de convertirse en un hombre íntegro.

El ser humano es ambivalente. Posee, junto a la vida instintiva, el poder, la virtud, de no quedar sometido a ella. Somos un simio con una tendencia a la agresividad con los otros miembros de nuestra especie, y también un animal capaz de actuar a contracorriente de esa pulsión y de elevarse con ello hacia formas más altas de ser. En este sentido, uno puede ser más o menos humano. Alcibíades había nacido con una insaciable sed de vanagloria, con una personalidad narcisista presidida por la soberbia, la arrogancia y la altanería, y acompañada por un desprecio hacia las demás personas; pero también disponía de la sensibilidad para emocionarse ante la justicia, el valor, el bien o la belleza. Era un amasijo de pulsiones y, a la vez, disponía de la capacidad para dominarse a sí mismo; poseía un alma con claroscuros, pero, igualmente, la facultad de cincelar y moldear su alma, atreviéndose a llegar a ser quien verdaderamente era. Como afirmaba Jean-Paul Sartre, «somos lo que hacemos con lo que hicieron de nosotros».

La virtud es el resultado de la libre elección. No es posible obligar a nadie a ser íntegro, justo o valiente. El educando es el que, libremente, debe querer llegar a serlo. Los padres bien saben que educar a un hijo no es instruir, domar ni adiestrar. Con la técnica adecuada, podemos amaestrar eficazmente a nuestro perro para guiar su comportamiento hacia lo correcto, pero no a nuestro hijo. La libertad del educando de decir «¿Y qué si no lo hago?» es la que hace contingente toda educación de la virtud. El educador tiene que ser consciente de que la posibilidad de fracasar siempre está presente. Si el mismo Sócrates fracasó, ¿por qué no íbamos a hacerlo nosotros?

Alcibíades decidió transitar un camino diferente al que el filósofo le había invitado. Eligió la senda del éxito en términos puramente individualistas y acabó dirigiéndose hacia la autodestrucción. Fuera de la comunidad puede alcanzarse la gloria, el reconocimiento o la riqueza, pero no la virtud.

En el 476 a. C., Alcibíades hizo uso del poder de persuasión para convencer a la asamblea de ciudadanos de que dirigiesen una expedición militar para conquistar Siracusa y lo pusiesen a él al mando. Manipuló a sus conciudadanos haciéndoles creer que la victoria sería rápida, sencilla y muy rentable. Nicias, un general con mucha más experiencia que él, intentó advertir a la asamblea de la locura que suponía la empresa y de las altas posibilidades de fracaso, pero sus prudentes palabras no lograron contrarrestar el poder de seducción que ejercía Alcibíades. Sus motivaciones no eran servir a la comunidad, sino aprovechar las circunstancias para ascender políticamente y granjearse una fama de héroe, decisión que hubiera aplaudido Maquiavelo, pero no Sócrates. La ciudad sufragó los fastuosos gastos para poner en manos del joven e inexperto aristócrata una flota sin precedentes formada por cuatrocientos barcos y cinco mil hoplitas.

Alcibíades debió de sentirse tan eufórico que unos días antes de zarpar se corrió una memorable juerga con sus amigos (hacía tiempo que había dejado de entrenar la prudencia, la piedad y la templanza junto a Sócrates). La fiesta se les fue de las manos y el joven terminó metiéndose en un lío que supuso el principio del fin. Esa noche, embriagados por el vino y el poder, se dedicaron a mutilar los falos de las más de cien estatuas del dios Hermes repartidas por la ciudad. Nadie sabía quién había cometido aquel acto de vandalismo, aunque algunos sospechaban.

La flota zarpó y semanas después de que tocasen tierras sicilianas, un barco arribó con el mandato ciudadano de arrestar a Alcibíades para ser juzgado por profanación, pero a diferencia de Sócrates, quien se negó a fugarse cuando la ciudad lo condenó, el joven aristócrata huyó a Esparta como una rata y traicionó a su pueblo prestando sus servicios al enemigo: destapó al adversario la organización y los planes de los atenienses. Con la ayuda del traidor, a los espartanos les fue fácil destruir la que fue la armada invencible de Atenas. Miles de sus compatriotas murieron en el campo de batalla a las puertas de Siracusa y otros tantos de hambre y sed, trabajando en las canteras como prisioneros. Los atenienses jamás olvidarían que fue uno de los discípulos de Sócrates el culpable de un desastre que hizo peligrar la democracia de Atenas.

Nadie traiciona de un día para otro. Solo se puede romper la confianza con aquellos con los que previamente, a base de un trato íntimo, se han creado unos lazos de lealtad. Pero, además, todo traidor necesita tomarse su tiempo para ir construyendo internamente un argumentario que justifique la injusticia que va a cometer. Al racionalizar la traición, la persona se convence de que su comportamiento es correcto porque con él está respondiendo a una injusticia sufrida. La traición nace de un narcisismo herido: el traidor interpreta lo vivido como un ataque personal a la imagen idealizada que tiene de sí mismo, entonces se despierta en él un odio al otro y un deseo de destruirlo como justa reparación a la herida infligida a su autoestima. Todo traidor es un ser incapaz de vencer el narcisismo y todo narcisista es un ser incapaz de virtud porque, en lugar de querer ser íntegro, se cree íntegro. ¿Cómo es posible querer mejorar si ante el reflejo de las aguas de la conciencia uno se ve perfecto?

Alcibíades, al dejar de mirarse ante el espejo de Sócrates, volvió a admirar una imagen idealizada de él mismo que ya le había funcionado anteriormente como bálsamo para enmudecer sus frustraciones, decepciones y conflictos internos. Su arrogancia y su falta de autocontrol resurgieron en su alma atormentada.

No hay terreno llano en el camino hacia la virtud: o se sube o se baja. Cuando se deja de practicar, la virtud va languideciendo como el pianista va perdiendo su técnica al dejar de tocar, hasta que su muerte da paso al nacimiento del vicio. Virtud y vicio son las dos caras de la misma moneda que es nuestro carácter. El mismo Alcibíades que había demostrado moderación cuando vivía con Sócrates fue esclavo del imprudente deseo al vivir con los espartanos: se acostó con la esposa del rey que le había dado refugio.

Sócrates hubiera preferido la muerte a una vida indigna de ser vivida. Pero Alcibíades, de nuevo, eligió huir y se escondió bajo los ropajes de un sátrapa persa a quien estuvo manejando para favorecer a los atenienses y ganarse con ello el retorno a su patria, lo que tuvo lugar en el 407 a. C., para volver a decepcionar y terminar autoexiliándose por no ser capaz de afrontar el fracaso. Murió muy lejos de la tierra de sus padres, bajo una lluvia de flechas persas, un arma indigna para un soldado griego. Alcibíades no fue el fracaso de Sócrates, sino el fracaso de Alcibíades.

5

Platón: academia de virtud

¡Cuán vulgares son esos hombrecillos que se dedican a los asuntos ciudadanos y, en su opinión, a la manera de filósofos! Llenos están de mocos. ¿Y entonces qué, buen amigo? Haz lo que ahora reclama la naturaleza. Emprende tu cometido, si se te permite, y no repares en si alguien lo sabrá. No tengas esperanza en la república de Platón; antes bien, confórmate, si progresas en el mínimo detalle, y piensa que este resultado no es una insignificancia. Porque, ¿quién cambiará sus convicciones? Y excluyendo el cambio de convicciones, ¿qué otra cosa existe sino esclavitud de gente que gime y que finge obedecer? Ve ahora y cítame a Alejandro, Filipo y Demetrio Falereo. Yo les seguiré si han comprendido cuál era el deseo de la naturaleza común y se han educado ellos mismos. Pero si representaron tragedias, nadie me ha condenado a imitarles. Sencilla y respetable es la misión de la filosofía. No me induzcas a la vanidad.

MARCO AURELIO, *Meditaciones*

Las aventuras de Alicia en el país de las maravillas no es un tratado en el que Lewis Carroll exponga una teoría del Estado, aunque en él se describa un reino ideal. *La ciudad de Dios* no es la obra en la que Agustín de Hipona defienda la teocracia, aunque en su título aparezcan las palabras *ciudad* y *Dios*. *La República* no recoge el modelo de Estado propuesto por Platón. Quien quiera conocer sus ideas políticas hace mejor consultando su diálogo *Las Leyes*.

Karl Popper leyó el texto platónico literalmente y pasó lo que tenía que pasar: concluyó que Platón era, nada más y nada menos, que el precursor de Hitler. En su famoso ensayo *La sociedad abierta y sus enemigos*, el filósofo vienés defiende que Platón es el pionero del totalitarismo y uno de los mayores enemigos de lo que denomina la «sociedad abierta», aquella donde los individuos pueden elegir su futuro, su estilo de vida y su profesión sin tener que depender de un Estado que los controle y eduque como si en lugar de ciudadanos fuesen niños.

Según Popper, si queremos que nuestra civilización sobreviva, debemos romper con el hábito de reverenciar a los grandes hombres, ya que algunos de los más poderosos líderes del pasado apoyaron el ataque perenne a la libertad y la razón. El problema para Popper es que hemos sido seducidos por la grandeza y la belleza de los textos de Platón a través de los siglos. Hemos tomado la filosofía política platónica como un idilio benigno. Pero si le quitamos la pátina artística y la leemos con objetividad, lo que aparece es una cruda realidad: una horrible pesadilla totalitaria de engaño, violencia, retórica de una raza superior y eugenesia. Todo está en *La República*, solo hay que leer con detenimiento y objetividad cómo Platón traicionó todas las ideas humanitarias y democráticas de su maestro, Sócrates, y terminó siendo víctima de su propia vanidad al entronizarse a sí mismo como rey filósofo.

No sabemos con certeza si Popper leyó alguna vez *Alicia en el país de las maravillas*, pero, si lo hizo con la misma literalidad con la que analizó *La República*, es muy posible que Lewis Carroll se encuentre entre los enemigos más buscados de su idea de democracia liberal.

Para acercarse al texto de Platón y no terminar diciendo lo que no dice, algo a tener en cuenta es que el título con el que conocemos la obra no se corresponde con su original en griego, *Politeía*,[1] cuya traducción más exacta sería algo así como *Sobre el gobierno de la ciudad* o *Sobre la constitución de la ciudad*. Cicerón, cuando la tradujo, usó acertadamente la expresión latina *Res publica* (literalmente, «asunto público» frente al «asunto privado»). La influyente traducción de Cicerón hizo que el texto llegase al español con el título *La República*, perdiendo su sentido original e induciendo en su misma portada a interpretaciones erróneas de lo que nos quiere contar Platón. Son tantas las ediciones que llevan este título y tantas las personas que lo conocen por ese nombre, que los traductores han dado la batalla por perdida.

Más acertado que Cicerón estuvo Trásilo, el astrólogo del emperador Tiberio, al usar en su traducción el título *Sobre la justicia*, porque, en efecto, la obra es un diálogo sobre la que Platón consideraba la más importante de todas las virtudes. Pero el que quizá se acercó más acertadamente al verdadero sentido del texto fue Jean-Jacques Rousseau cuando manifestó que no se trataba de una teoría del Estado, como creían los que solo juzgaban los libros por sus títulos, sino el más hermoso estudio sobre educación que jamás se hubiese escrito. Así que, puestos a aventurar títulos, nuestra propuesta es *Sobre la educación de la justicia*.

Platón elige el Pireo como escenario con el que arrancar su relato, el puerto de Atenas, una península de piedra caliza situada a unos ocho kilómetros al suroeste de la ciudad. Más que un simple puerto, el Pireo era realmente un enorme complejo compuesto por hangares para barcos, oficinas de embarque, almacenes, bancos, astilleros, multitud de negocios secundarios como tiendas y burdeles y un gran barrio de casas adosadas a unas calles anchas y rectas donde vivía una población cosmopolita de metecos (extranjeros con residencia permanente) dedicados al comercio y la industria en la que abundaban los inmigrantes tracios.

Sócrates y sus amigos, movidos por la curiosidad, se han desplazado hasta allí para contemplar los festejos que, durante los primeros días de junio, los pireos celebraban en honor a Bendis, diosa tracia de la caza que los atenienses identificaban con Artemisa.

La cuadrilla de Sócrates se dispone a emprender el camino de regreso cuando son detenidos por Polemarco, aprendiz de filósofo e hijo del anciano Céfalo de Siracusa, uno de los hombres más ricos de Atenas que vivía en una opulenta casa rodeado de sus hijos, de los cuales el más conocido era el orador Lisias. Céfalo heredó una pequeña fortuna con la que puso en marcha una serie de empresas en Siracusa que le dieron fama de exitoso hombre de negocios. Pericles, que buscaba promover la economía de Atenas, le invitó a residir en la ciudad como meteco.

Pero dejemos momentáneamente a Céfalo y volvamos a la escena descrita por Platón. Polemarco invita a Sócrates a quedarse esa noche en el Pireo, para que, además de disfrutar de la carrera de antorchas[2] a caballo que se celebrará en honor a la diosa, participe de un banquete en casa de su padre. Sócrates y sus acompañantes, que jamás han visto un espectáculo como ese, aceptan entusiasmados.

La siguiente escena es soberbia; de hecho, Cicerón quedó tan cautivado que la imitó en una de sus obras. Platón nos relata un delicioso diálogo sobre la vejez y la felicidad entre Céfalo y Sócrates. El anfitrión, un hombre anciano, de una finísima cabellera blanca, ataviado con una exquisita túnica de color púrpura, tras realizar un sacrificio a Zeus en el altar familiar situado en el patio, se reclina en su lecho, mientras los convidados forman ritualmente un círculo a su alrededor.

Céfalo, al ver a Sócrates entre sus invitados, le saluda con entusiasmo a la vez que le recrimina que solo tenga tiempo para conversar con jóvenes. Los viejos también tienen derecho a disfrutar de los placeres de la filosofía, más si cabe cuando la vejez les impide ya gozar de los del cuerpo. Sócrates se disculpa reconociendo el incalculable valor que tiene dialogar con los mayores, ya que ellos han recorrido un camino que todos tendremos que andar. La atenta escucha del relato de sus vidas es un inagotable manantial de sabiduría que, como el movimiento del agua que brota de la fuente, ningún papel puede recoger en toda su plenitud.

La curiosidad insaciable por entender todo lo humano lleva a Sócrates a preguntarle a su anfitrión, a bocajarro y sin medias tintas, si ahora que ha traspasado «el umbral de la vejez»,[3] considera que se encuentra en un periodo desgraciado de la vida. Céfalo le responde que la mayoría de los viejos con los que se reúne pierden el poco tiempo que les queda lamentándose de los males de la edad, quejándose del trato que reciben, recordando con tristeza los placeres del amor, de la bebida o de la mesa y engañándose a sí mismos al creer que antes vivieron plenamente y fueron felices. El anciano anfitrión opina que la causa de estos males no es realmente la vejez, sino el defectuoso carácter de la persona. La vejez no es un mal, todo lo contrario: es una etapa de reposo y libertad de los sentidos. Céfalo recuerda aquella vez que le preguntaron a Sófocles, de casi noventa años, si todavía era capaz de disfrutar los placeres del amor, y el poeta les respondió que sentía mayor satisfacción al haberse librado de un amo apasionado y brutal. En la vejez, las pasiones se aflojan y uno queda por fin libre de aquellos tiranos interiores que subyugan la voluntad y ciegan la razón.

Sócrates aprieta con preguntas a su interlocutor para exprimirle hasta la última gota de su sabiduría. El filósofo, como un niño pequeño que todo lo quiere saber, inquiere al exitoso empresario cuál es el beneficio que le ha aportado poseer una gran fortuna en esta vida. Céfalo reconoce que la riqueza no es un bien para cualquier hombre, sino solo para el sensato. Pero al terminar la frase, el anciano se queda ensimismado y una especie de melancolía le cubre el rostro. El silencio se rompe cuando Céfalo confiesa al filósofo que lleva tiempo pensando en la muerte, que le preocupa saber si ha sido en verdad un hombre justo y que no ceja en examinar y reflexionar si ha cometido alguna injusticia de la que deba arrepentirse; un examen al que más tarde o más temprano todos tendremos que enfrentarnos. El silencio vuelve a recorrer la sala, pero no incómodo; este silencio nace de estar rumiando juntos las palabras que aún resuenan en el ambiente. Entonces, Sócrates apoya con delicadeza su mano sobre el encorvado hombro de Céfalo, lo mira con tierna amistad y formula la pregunta del millón: ¿qué es un hombre justo?

¿Qué es un hombre justo?

Ante la pregunta de Sócrates, los convidados comienzan un diálogo en el que intentarán esclarecer qué significa ser un hombre justo. Céfalo es el primero en proponer una definición: aquel que cumple las leyes y paga sus deudas. Pero Sócrates plantea la siguiente objeción: ¿acaso no hay leyes que son injustas y acciones ilegales que son justas? Los juicios de Núremberg son una buena muestra de que legalidad y justicia no siempre van de la mano. Sin embargo, no parece que una obediencia ciega a la ley sea lo propio del hombre que andan buscando, ya que habrá situaciones en las que el justo deberá quebrantar la legalidad, como la Antígona de Sófocles.

Polemarco toma el testigo de manos de su padre e intenta una nueva definición inspirada en el poeta Simónides: el hombre justo es aquel que hace bien a los amigos y mal a los enemigos. Pero Sócrates, que sigue sin tenerlo del todo claro, plantea unas dudas razonables: ¿puede el hombre justo hacer el mal?, ¿hacer mal no es, precisamente, lo que corresponde al hombre injusto?, ¿puede la justicia generar injusticia?, ¿no parece más lógico que la justicia engendre justicia? Polemarco, entonces, reconoce el error de su definición y ambos se toman un pequeño descanso antes de continuar la caza, situación que aprovecha Trasímaco, un profesional de la enseñanza sofística, para adueñarse de la conversación y proponer una definición de «justicia» que ha pasado a los anales de la historia: la justicia que realmente existe —la fáctica, podríamos decir— es lo que conviene al que detenta el poder. No hay más ley que la del más fuerte; las normas humanas son meras convenciones destinadas a impedir que los mejores puedan prevalecer. El poderoso, obviamente, no necesita normas, ya que tiene la fuerza;

de modo que las leyes son el instrumento de los débiles para defenderse del fuerte.

Si lo natural es que el más fuerte domine al más débil, la justica sucede cuando alguien realmente fuerte logra romper las leyes instituidas por los débiles e instaura la suya. Solo entonces la ley está legitimada por la justicia natural. De ahí la famosa sentencia de Trasímaco: la traición nunca prospera. ¿Por qué? Porque, si prospera, ya nadie la llamará traición.

Pero debemos advertir que, aunque lo parezca, Trasímaco no está defendiendo la ley de la selva desde un perverso cainismo; esto sería una lectura simple y literal. No debemos olvidar que es un educador y que su interés es formar para el mundo real. Trasímaco no está definiendo lo que es la justicia, sino qué es lo que la sociedad entiende por este nombre. El sofista no está tratando, como Sócrates, de dar con la esencia de la justicia; se limita a ofrecer un análisis de las leyes reales que el ciudadano debe acatar si no quiere ser castigado.

La justicia real, no la ideal, es la que está recogida en el derecho, y este siempre recoge aquello que beneficia al gobernante. El poderoso elabora la ley con vistas a garantizar el *statu quo* y favorecer sus intereses. No obstante, se ha de tener en cuenta que si el débil tuviera la fuerza suficiente, actuaría exactamente de igual manera porque los oprimidos están hechos del mismo barro que el opresor. Trasímaco, como Marx, entiende la política como una lucha de intereses y la ley como una expresión de la victoria de una clase social que se impone sobre el resto.

Si la virtud es poder, deduce Trasímaco, el hombre virtuoso será el hombre que gobierne, y la mejor educación ha de ser aquella que garantice alcanzar el poder para transformar la ley. La formación política debe ser realista, no utópica. En lugar de perder el tiempo con lo que debería ser, se ha de enseñar lo que es. Son muchas las instituciones educativas que hoy comparten la visión pedagógica de Trasímaco: se presentan como escuelas de aprendizaje instrumental capaces de desarrollar las competencias necesarias para triunfar en el mundo de hoy. Estas escuelas se glorían de formar buenos abogados, buenos economistas, buenos ingenieros, buenos políticos, etc. Pero, al igual que hace Sócrates, deberíamos preguntarnos qué es exactamente lo que entienden por «bueno».

Trasímaco de Calcedonia se presentaba como un experto en formar buenos gobernantes, y aseguraba que cualquier joven formado por él podría alcanzar el gobierno. Natural de una región de la actual Turquía, a orillas del Bósforo, se desplazó, como tantos otros, a tierras helénicas, estuvo vinculado al movimiento de los sofistas y fue un eminente maestro de retórica, un instrumento para imponerse mediante el discurso a la voluntad del otro. Arribó a Atenas en un momento propicio: muchos jóvenes atenienses intentaban hacer carrera política buscando el asesoramiento de maestros de retórica como él, que enseñaban trucos y criterios útiles para hablar en público y persuadir a la asamblea. En su escuela no se perdía el tiempo con la enseñanza ética, la forja del carácter y el cultivo de las antiguas virtudes. Todo ello era, en todo caso, competencia de la familia.

La visión platónica de la educación está tan en las antípodas de la de Trasímaco que era lógico que lo invitase como interlocutor a un diálogo que, como estamos defendiendo, trata sobre qué y cómo se ha de educar. Platón, por boca de Sócrates, cuestiona el modelo pedagógico de Trasímaco. Incluso aceptando que la justicia fuese lo que conviene al más fuerte, es necesario que el poderoso tenga un cierto conocimiento de qué es lo que verdaderamente le conviene. Sócrates pregunta cómo y quién puede enseñar un conocimiento sobre lo conveniente y lo inconveniente, y Trasímaco, enfadado, reconoce no tener la respuesta, de lo que se deduce que todos los presentes, incluidos nosotros, siguen sin conocer qué es un hombre justo.

Pero ¿existe realmente ese hombre? ¿No será tan solo una quimérica e ingenua ilusión perseguida por aquellos que desconocen la auténtica naturaleza humana? Quizá Trasímaco tenga razón y los que parecen virtuosos son en realidad unos cobardes que, aunque desean cometer injusticias, no tienen el arrojo suficiente para ello. Quizá acierte Nietzsche al sospechar que tras la pulcra fachada del hombre virtuoso solo se esconde un resentimiento hacia la vida. Quizá no solo sea imposible enderezar el alma de un ser humano, sino también insano. Quizá la justicia no sea un bien, sino una pesada losa, un ideal inalcanzable que solo genera culpa y frustración.

Existe cierta belleza en el hecho de que sea la propia juventud, en boca Glaucón, la que luche por defender la integridad del ser humano y exija a sus mayores recibir una auténtica educación moral. El joven interviene en el diálogo afirmando que la justicia es el bien más bello al que podemos aspirar y busca en Sócrates un aliado que demuestre que no hay ni ingenuidad, ni fingimiento, ni hipocresía en aquel que aspira a ser una persona justa. Glaucón ruega con insistencia a Sócrates que refute la tesis de que ningún hombre cultiva la justicia voluntariamente, sino por impotencia, y para ello le propone examinar juntos la famosa historia del anillo de Giges. Este era un pastor al servicio del rey de Lidia que se encontró un anillo mágico que hacía invisible a la persona que lo llevaba con solo girarlo. Cuando lo rotaba de nuevo se hacía otra vez visible. La persona que poseía el anillo podía cometer cualquier injusticia con toda impunidad porque nadie la veía. Glaucón le pide a Sócrates que suponga que existen dos anillos como el de Giges y que se le da uno a un hombre justo y otro a uno injusto. ¿Qué ocurriría? ¿Seguirían actuando de manera diferente o el justo tomaría el camino del injusto? ¿La única razón para actuar bien es el miedo al castigo, a una mala reputación, a ensuciar su nombre? La verdad podría ser amarga. Tal vez ninguno de nosotros tiene un verdadero interés en la justicia. A nadie le preocupan sus semejantes, solo nos comportamos civilizadamente para evitar una multa, la cárcel o el descrédito social.

Tras analizar detenidamente el experimento mental de Glaucón, Sócrates responde que la persona justa sería precisamente aquella que se comporta justamente aunque lleve el anillo, porque el justo valora la virtud por sí misma. El anillo pone de manifiesto la fragilidad del alma humana, pero, al mismo tiempo, su capacidad para elevarse sobre sí misma. En nuestro interior cohabitan fuerzas dispares. Existe, por un lado, un impulso a actuar buscando la satisfacción de los apetitos individuales, al margen de la comunidad y sin consideración alguna por los otros; y, al mismo tiempo, está la capacidad para no dejarse arrastrar por esa pulsión y la noble aspiración de engrandecer nuestra humanidad. El anillo desvela que la justicia no es la simple obediencia a las leyes, sino una virtud que las personas pueden desarrollar mediante una correcta educación ética.

El reto educativo que Platón se plantea es, sin duda, de dimensiones colosales: formar ciudadanos justos por convicción, por libre elección. Claro que el miedo al castigo genera buenas acciones, pero no construye hombres justos. Para eso hace falta educar moralmente el alma del educando no solo en el seno de la familia, sino, sobre todo, en el seno de la sociedad.

El diálogo parece haber llegado a un punto muerto sin que haya sido posible esclarecer plenamente qué significa ser un hombre justo. Sócrates, azuzado por los jóvenes que le ruegan que no tire la toalla, propone otro experimento mental:

> La investigación que intentaremos no es sencilla sino que, según me parece, requiere una mirada penetrante. Ahora bien, puesto que nosotros, creo, no somos suficientemente hábiles para ello [...], dicha investigación debe realizarse de este modo: si se pretendiera leer desde lejos letras pequeñas a quienes no tienen una vista muy aguda, y alguien se percatara de que las mismas letras se hallan en un tamaño mayor en otro lugar más grande, parecería un regalo del cielo el reconocer primeramente las letras más grandes, para observar después si las pequeñas son las mismas que aquellas. [...] Hay una justicia propia del individuo; ¿y no hay también una justicia propia del Estado? [...] ¿Y no es el Estado más grande que el individuo? [...] Si contempláramos en teoría un Estado que nace, ¿no veríamos también la justicia y la injusticia que nacen en él?[4]

La propuesta platónica es debatir a una escala mayor: la de la ciudad justa. Este es el punto donde los seguidores de Popper se olvidan del sentido alegórico de las siguientes páginas de *La República* y de qué era lo que sus personajes andaban buscando.

Platón considera que la ciudad puede servirnos como un reflejo aumentado del ciudadano y que las diferentes formas de gobierno podrían ser la expresión de las diversas actitudes y formas del alma humana. La descripción de la ciudad justa es tan solo un recurso, una imagen ampliada del modelo de ser humano que la educación platónica quiere cultivar.

No olvidemos que el problema que Platón está investigando en cada una de las páginas de su *República* es cómo educar a un ser humano virtuoso. Pues bien, para el filósofo, la virtud suprema que reúne a todas las demás es la justicia, que él entiende como una especie de salud espiritual, un estado de excelencia del alma. Por tanto, lo que tenemos ante nosotros no es el proyecto político para la construcción de un Estado justo, sino el programa educativo para formar ciudadanos justos. Dicho de otra manera, la polis ideal que se describe en *La República* es una metáfora del alma del ciudadano Sócrates.

Platón concibe el alma humana como una inagotable fuente de conflictos. En nuestro fuero interno cohabitan unas fuerzas que rivalizan entre sí y que tienden por naturaleza a la discordia. El objetivo último de la educación es constituir un estado de concordia y armonía con nosotros mismos al que Platón llama «justicia». En este sentido, la educación puede entenderse como una *politeía del alma*, el arte del gobierno en uno mismo. Platón identifica tres funciones anímicas, que son, al mismo tiempo, tres principios o motivos de nuestra acción. Aquello que llamamos «ser humano» es tan solo el engañoso caparazón que alberga tres seres distintos, independientes y en eterno conflicto:[5]

1. El ser espiritual, racional y pensante, con sede en la cabeza, para el que Platón usa la imagen de «el hombre en el hombre». Los estoicos se refirieron a él como *hegemonikón*, el regente, el principio rector, el libre albedrío. Inteligencia que se conduce según un objetivo previamente fijado por su capacidad para la reflexión, para meditar y considerar con cuidado un asunto.

2. El león, el ser temperamental, con sede en el pecho, que alberga sentimientos como la ira, el pudor, la valentía y el entusiasmo. Al que Homero se refería como el *thymós*, una fuerza vital que se activa cuando el cuerpo está despierto y que puede dar impulso a la persona para llevar a cabo una determinada acción, como cuando el valeroso *thymós* de Aquiles lo impulsaba a causar estragos entre los troyanos y a dirigirse con determinación al encuentro de Eneas.[6] El *thymós* es la fuente originaria de la que manan, pero también en la que se guardan y se avivan, la multiplicidad de emociones y sentimientos que experimentamos. Por eso Héctor reprocha a Paris que almacene amargo rencor en su *thymós*.[7]
3. Un monstruo de múltiples cabezas, que habita debajo del diafragma, el ser de instintos y pulsiones, hidra de deseos con la virtud de duplicarlos cada vez que uno de ellos es satisfecho.

La tópica platónica, como la freudiana, nos muestra que somos los tres seres a la vez y que estamos condenados a convivir con nosotros mismos como los personajes sartreanos de *A puerta cerrada*. ¿De qué otro modo se explica que cuando el conflicto se produce sentimos que este siempre toma como campo de batalla nuestra intimidad más profunda, las mismísimas entrañas de nuestro ser? ¿De qué otro modo se explica la conciencia de responsabilidad? El hombre, el león y el monstruo son ciudadanos de pleno derecho de la polis de nuestra alma. Ninguno de ellos puede ser condenado al ostracismo porque es imposible deshacernos de nosotros mismos. Pero lo que sí está en nuestras manos es aspirar al gobierno de lo mejor sobre lo peor de nosotros.

Un cochero y dos caballos suman cuatro virtudes

En el *Fedro*[8] aparece la famosa comparación del «hombre dentro del hombre» con el conductor de un carro y de las otras dos fuerzas psíquicas con un par de caballos. El elemento temperamental está simbolizado con un corcel blanco de noble casta y bien domado, aliado de la razón por acatar dócilmente las órdenes del cochero. Las pulsiones, los instintos y los deseos están representados por un caballo negro, impetuoso, tozudo, violento, nervioso e incapaz de atender las directrices de aquel. La nobleza y el esfuerzo están encarnados en el corcel blanco, mientras que la pasión irracional lo está en el negro, y el cochero apunta a una razón que tiene como función principal controlar y acompasar dos fuerzas antagónicas.

La templanza del caballo negro

Bajo la dirección de la razón, el caballo negro atempera su fogosidad y cultiva la virtud de la *sophrosyne*, es decir, la templanza, una de las cuatro virtudes necesarias para la vida sana del alma. Una de las mejores alegorías de esta virtud la encontramos en un medallón, situado en un ángulo inferior del tabernáculo de la iglesia de Orsanmichele en Florencia, que pasa desapercibido a los ojos del visitante que desconoce su existencia. Andrea Orcagna lo esculpió en 1359 e introdujo una interesante novedad con respecto a las anteriores representaciones: la figura femenina que simboliza la templanza está acompañada de un compás de dos puntas, instrumento usado por los canteros para tomar la medida exacta de una forma en una plantilla, que luego ellos mismos usaban para cincelarla directamente sobre el bloque de piedra. El compás también se ha usado en nuestra iconografía para representar a Dios como constructor de un cosmos perfecto en el que todas las fuerzas brutales y antagónicas se armonizan generando belleza. El mismo Platón afirmó que Dios es la medida (*metron*) de todas las cosas, y quien sea temperante será amigo de Dios, pues se le parecerá.[9]

El símbolo del compás es acertado para representar la templanza porque hay similitudes entre esta virtud y la arquitectura. Ella nos permite poner orden en la materia y construir un cosmos interior a través de una voluntad capaz de dominar unas fuerzas brutales que, desbocadas, podrían conducirnos al desastre.

Todos los sinónimos que usa Platón para referirse a la *sophrosyne* hacen referencia a trazar un límite: *peiras* («límite»), *metriotês* («medida»), *takzis* («puesta en orden»), *kosmos* («orden»), *symmetria* («simetría»), evocando siempre con ello la disciplina y la autorregulación. Pero la autodisciplina, la disciplina interior, solo se adquiere con el ejercicio de una disciplina exterior. Disciplinar no es castigar, sino enseñar a autorregularse, a imponerse un orden, a canalizar las propias energías para acabar siendo dueño de uno mismo. La exigencia por parte del educador de un silencio, una limpieza, un orden o un comportamiento adecuado es tan solo el medio para generar en el educando un poder de autocontrol. Disciplinar es, por tanto, preparar a alguien para la libertad.

La templanza es sobre todo un poder de construcción sobre uno mismo. No es una fuerza represora, sino reunificadora; no destruye, sino que crea; no extirpa, sino que armoniza. De ella dice Platón que «se asemeja a un acorde y a una armonía [...]; es una especie de orden (*kosmos*)»,[10] y pone como ejemplo de hombre templado al viejo Néstor,[11] capaz de dominar con la dulzura de su voz y la sabiduría de sus palabras la fogosidad de Aquiles y la vanidad de Agamenón. La canosa barba de Néstor es la encarnación de una sabiduría que se adquiere tras una larga experiencia de vida meditada y con la que se termina alcanzando un estado de paz física y mental.

El orden, la medida y la armonía no son innatos en el ser humano; el estado original del que partimos es la impulsividad, la ausencia de reflexión y de autodominio, y solo a través de un adecuado y prolongado entrenamiento se puede aspirar a que un Néstor cabalgue nuestro jinete negro.

La valentía del caballo blanco

Fijemos ahora la mirada en el caballo blanco. Bajo la dirección de la recta razón, este desarrolla la virtud de la *andreía* («valentía»), que solo florece cuando el *thymós* persigue los objetivos marcados por la razón. La valentía se define en relación con los diferentes temores que podemos albergar los seres humanos, pero especialmente con el más humano de todos: el miedo a la muerte. Quizá sea por eso por lo que Platón afirmó que la filosofía es una meditación sobre la muerte. Filosofar es, en última instancia, aprender a no tener miedo a morir, por dos razones: la primera, porque la mejor manera de no temer a la muerte es construirse una vida buena; y la segunda, porque quien ha vencido este miedo ya nada más teme y, por tanto, es libre.

En las circunstancias en las que el individuo teme por su vida, la virtud de la *andreía* es la que le permite controlar el miedo y supeditarlo a un noble objetivo identificado por la razón. Platón define esta virtud como una especie de conservación:

> La conservación de la opinión engendrada por la ley, por medio de la educación, acerca de cuáles y cómo son las cosas temibles. Y he dicho que ella era conservación «en toda circunstancia», en el sentido de que quien es valiente ha de mantenerla —y no expulsarla del alma nunca— tanto en los placeres y deseos como en los temores.[12]

Platón está redefiniendo el concepto homérico de *andreía.* No son paradigma de valentía las exhibiciones de hombría de Aquiles. Sus machadas muestran una incapacidad para dominar su *thymós.* Actúa cegado por una emoción impulsiva e irracional: ambición personal, sed de venganza o cólera; su conducta es impetuosa, carente de «pre-meditación» y tan voluble como el tiempo atmosférico. El valiente platónico, en cambio, domina su *thymós* y lo usa como viento favorable para llevar a buen puerto su deber.

La valentía platónica, como el resto de las virtudes, tiene que estar al servicio de la comunidad y no de la autosatisfacción personal. Por ello, la educación en la valentía consiste en una domesticación del león para que este sirva al bien común y a las nobles causas. No se trata de actuar movidos por la fuerza arbitraria de la emoción; se trata de usar la emoción como empuje para movernos donde la reflexión determine.

Esta es la verdadera educación emocional y no aquella que pretende que el individuo se identifique inmediatamente con lo primero que sienta. Para comprender una emoción se necesita un cierto distanciamiento. La emoción solo puede entenderse desde un análisis que no permite el estado de agitación que ella misma genera. Además, las emociones no son puras y transparentes, sino difíciles, confusas, ambivalentes y precarias. Educar la virtud implica, por tanto, enseñar a sentir de manera adecuada. Es un determinado tipo de formación estética que prepara el alma para que comprenda, sienta y aprecie todo aquello que tiene valor en este mundo. La educación emocional platónica es racional: la razón debe acondicionar el alma para que esta se emocione ante la belleza de la virtud.

Pues bien, para que emerja la valentía, es preciso que el *thymós* haya sido educado por la razón, la única facultad capaz de identificar los fines por los que puede merecer la pena entregar la vida. La valentía es una especie de conservación porque permite al individuo preservar sus principios incluso en las situaciones más adversas. La valentía es la virtud que nos permite conservar la integridad para mirarnos al espejo cada mañana y no avergonzarnos de nosotros mismos.

La prudencia del cochero

Analicemos, por último, la razón, que es la que maneja las riendas del carro. Como todo auriga, necesita alcanzar un determinado virtuosismo en el arte de la conducción para que la carrera no acabe en un estrepitoso accidente. De poco sirve tener unos buenos caballos y un excelente carro si el conductor es inexperto o desconoce adónde tiene que ir. A quien ignora cuál es el puerto al que debe dirigirse ningún viento le es favorable. Para que esto no suceda, la razón debe ser recta,[13] esto es, necesita disponer de *frónesis*, la sabiduría y la prudencia que distinguen al buen gobernante.

En el *Menón,* Platón define la *frónesis* como una sabiduría práctica, un conocimiento de los verdaderos bienes que un ser humano debe buscar, un saber no solo de los medios adecuados, sino, ante todo, de los fines adecuados. Aunque Platón considera la *frónesis* como el saber más importante que únicamente posee el verdadero filósofo, reconoce que esta no puede ser enseñada. Solo nace del profundo conocimiento de uno mismo. La *frónesis* se desarrolla cuando el alma se examina a sí misma y busca aquello que es su bien. El insensato solo tiene como fin acrecentar el placer y disminuir el dolor, mientras que el prudente y reflexivo anda a la caza del verdadero bien.

En la *Carta VII*, Platón afirma que la esencia de la filosofía es una conversión, en su sentido literal, de hacer girar toda el alma hacia el bien. Este conocimiento solo prende en aquel que ha dedicado largos años a contemplar el principio eterno del bien, hasta el punto de identificarse con él y entender por qué las cosas buenas lo son. No se trata solo de un conocimiento teórico del bien, sino de una fusión emocional con él y de una encarnación en la propia vida. Implica un largo camino de formación espiritual que nos eleva al grado más alto de nuestro ser.

Según Platón, la *frónesis* fue la virtud que Sócrates investigó y examinó a lo largo de toda su vida. Su maestro fue excepcional porque la mayoría de las almas no cultivan esta virtud y, eligiendo males por bienes, terminan desperdiciando la vida. Platón ilustra esta idea al final de *La República* con la curiosa historia de Er, un armenio que volvió de la muerte y contó todo lo que había visto. Al morir, cada alma llega a una gran llanura desde la cual, según haya sido su vida, se la envía a una travesía por el cielo o por la tierra. A la vuelta de este viaje, cada alma ha de escoger cuál será su vida futura de entre todo un despliegue de géneros: tirano, rico, famoso, agricultor, sabio... e incluso animales, ya que es muy posible que más de uno prefiera vivir como una bestia antes que volver a experimentar la miserable condición humana.

Los primeros en escoger eligen ser tiranos porque piensan que el poder y la riqueza son los mayores bienes a los que se puede aspirar. Pero pronto se percatan de que su elección ha sido imprudente, ya que no han tenido en cuenta que este género de vida lleva asociados la traición, el asesinato, la ansiedad, la ira, la envidia, miedos, remordimientos e injusticia. A muchos puede sorprender que Ulises, uno de los héroes más famosos y admirados de Grecia, repudie su vida anterior y elija una existencia sencilla de hombre corriente. La *frónesis* es la sabiduría que nos da luz para entender la incomprensible decisión de Ulises y nos prepara para realizar esa elección en nuestras vidas.

¿No falta algo?

Si el lector ha estado atento, es muy posible que no le salgan las cuentas porque comenzamos hablando de cuatro virtudes y, de momento, solo han aparecido tres con sus respectivos símbolos: un caballo para la *sophrosyne*, otro la *andreía* y un cochero para la *frónesis*. ¿Dónde está la cuarta? ¿Qué se nos está escapando?

Tal vez nos esté pasando como al visitante que contempla por primera vez la enorme puerta de acceso a la antigua Universidad de Comillas, conocida como «puerta de las virtudes» y diseñada por Domènech i Montaner. Las dos hojas de bronce labrado presentan siete figuras femeninas en alusión a las virtudes, y a sus pies, seis figuras zoomórficas que aluden a sus respectivos vicios. Hay un pecado que, en principio, parece no estar representado, hasta que nos percatamos de que es la propia puerta la que hace de símbolo del que falta: la soberbia. Pues con la imagen del carro de Platón ocurre algo parecido, ya que es la armonía generada entre los distintos elementos que la componen la que dibuja la cuarta y última de las virtudes platónicas: la justicia.

La justicia es la correcta administración o gobierno de las tres partes del alma y de sus correspondientes virtudes. Esta virtud, que Platón considera como la esencial por contener a todas las demás, es un estado de salud y equilibrio del alma. La injusticia supone, por el contrario, una sublevación de una parte del alma que, actuando contra las otras, genera un estado de enfermedad. El estado de justicia se alcanza cuando los principios del alma no hacen algo que le es ajeno ni interfieren unos en las funciones de los otros. Ajustar el alma es como poner la casa en orden, organizando y armonizando las tres fuerzas para que, cooperando entre sí, el hombre llegue a hacerse amigo de sí mismo.[14]

En *La República* se recurre a la comparación del alma con una ciudad-Estado para ilustrar esta visión de la justicia. El alma, como una polis, no es una amalgama de elementos individuales, sino un complejo sistema. La justicia, en consecuencia, ha de entenderse como la condición psicológica de una persona sana en la que cada parte del alma cumple su función bajo el recto gobierno de la razón. La injusticia, por el contrario, ha de entenderse como cualquier desarticulación o desajuste entre los componentes del alma.

El buen gobierno del alma debe buscar el bienestar del todo y no el de una parte específica, al igual que en un edificio damos a cada parte lo que es propio con el objetivo de hacer virtuoso al conjunto: a la fachada la dotamos de un buen material aislante y a los cimientos, de un hormigón de calidad capaz de soportar toda la estructura. Platón nos propone hacer uso de la educación para edificar el estado justo dentro de nosotros. El hombre justo no es el ciudadano de la polis ideal, sino quien ha sido capaz de construir una adecuada configuración de su alma.

Si seguimos la alegoría de la ciudad, nuestra alma estaría compuesta por tres clases sociales: artesanos, auxiliares y guardianes. La primera clase es un símbolo del elemento apetitivo de nuestra alma cuya función es mantener nuestro ser dotándolo de lo necesario para una vida sana. La segunda clase simboliza el elemento temperamental y su función es auxiliar a la razón para que se cumplan sus mandatos, o dicho de otra manera, dotar al alma de la energía necesaria para poner en práctica lo que la razón dicta. Y por último, la tercera clase es una metáfora del elemento racional al que corresponde gobernar en pro del bien común. No es irrelevante que para la clase gobernante, Platón haya elegido la palabra *guardián*, ya que su función es proteger la libertad interior o, usando la expresión platónica, al «hombre dentro del hombre».

El concepto kantiano de autonomía puede arrojarnos luz sobre el valiosísimo tesoro que los guardianes están dispuestos a proteger con su propia vida. En el comienzo de la *Fundamentación de la metafísica de las costumbres*, Kant afirma que «es imposible imaginar nada en el mundo o fuera de él que pueda ser llamado absolutamente bueno, excepto la buena voluntad». Para Kant, la voluntad es sinónimo de razón práctica, es decir, del elemento racional del alma que Platón simboliza en los guardianes. Así pues, una buena voluntad viene a ser un buen guardián.

Kant se percató de que, a diferencia de los animales, el ser humano posee una voluntad con la capacidad de ser *autónoma*, de la voz griega αυτόνομος, compuesta con *auto* («propio, mismo») y *nomos* («ley»). Nuestra racionalidad nos permite transgredir las normas instintivas y dotarnos de nuestra propia ley. La razón es, por tanto, la celosa guardiana de nuestra libertad. Ser libre es emanciparse de la vida animal y ejercer el poder de gobernarse a uno mismo. Para ello, el ser humano necesita dotarse de una razón autónoma, esto es, capaz de mandar sobre los apetitos, los deseos, los miedos o cualquier otro tipo de pasiones, o como diría el propio Kant, atreverse a pensar por uno mismo, rechazar la tutela de otros y servirse de la propia inteligencia. Pero como pensar es una tarea fastidiosa, la pereza y la cobardía son la causa de que la mayor parte de los hombres no sean autónomos y vivan en un estado de servidumbre voluntaria. Platón encara la tarea de emanciparlos indagando en su *República* cómo debería ser instruido el guardián del alma para que llegue a alcanzar una plena autonomía.

No obstante, hay una pieza que, en principio, no encaja. En los libros II, III y X de este diálogo puede parecer que Platón se olvida de aquello que andaba buscando y se pierde en divagaciones sobre flautas, tonos y ritmos musicales, llegando a la desproporcionada y delirante idea de expulsar a los poetas de la ciudad ideal. Este punto ha sido señalado por los seguidores de Popper como el germen de la censura estatal característica del totalitarismo. Ya vimos que música y gimnasia eran la base de la educación tradicional griega: la primera, para formar el alma, y la segunda, el cuerpo. La música era el recurso nemotécnico para transmitir la educación espiritual recogida en los relatos de los poetas. Lo que Platón está llevando a cabo en *La República* es una renovación radical del sistema educativo griego y desvelando el plan de estudio de su Academia.

La revolución educativa ideada por Platón tomó como punto de partida la enseñanza no de la verdad, sino de la mentira,[15] porque el rechazo del error es el primer paso en la búsqueda de la verdad. Pues bien, los héroes y dioses de Homero no son el mejor ideal de ser humano. Si desvestimos a Aquiles de la belleza de los versos con que la música homérica lo envuelve, el héroe aparece como un ser incapaz de controlar sus impulsos, no valiente, sino temerario, extremadamente violento, implacable asesino, violador de niñas y de un exacerbado narcisismo, entre otras lindezas. Platón nos está invitando a iniciar el proceso educativo valorando críticamente los modelos que presentamos a nuestros jóvenes, porque la educación del carácter comienza en las fases más tempranas. Los arquetipos que la sociedad presenta a los niños, hoy a través de las pantallas, se «imprimen» en sus almas como el sello en el lacre. Y, por tanto, no hay nada más imprudente que despreocuparnos de aquello que ven y escuchan.

Sin embargo, el ataque de Platón al poeta va más allá. Para comprenderlo en su profundidad, comparemos a Homero con Mahoma o con cualquier otro profeta que dicte normas de conductas que deban ser memorizadas, obedecidas ciegamente y ejecutadas desde el más puro automatismo. En el gimnasio, los jóvenes griegos memorizaban los versos de Homero como en la madrasa los jóvenes musulmanes memorizan los versos del Corán: cantando. Este tipo de educación poética imposibilita la autonomía de la razón porque en ella no cabe razonar, solo obedecer. Y por eso la propuesta platónica es exactamente la misma que la kantiana: atrevernos a pensar por nosotros mismos.

Para que el guardián de la libertad logre emanciparse, el rey filósofo debe arrebatarle el poder del alma al rey poeta. Y para ello, en nuestras escuelas la educación filosófica debe imponerse sobre la musical. La educación filosófica tiene por objetivo que el individuo, por sí mismo y sirviéndose de su propia razón, llegue a reconocer qué es lo que se debe hacer. No se trata, por tanto, de enseñar qué hay que pensar, sino de enseñar a pensar, ya que la democracia exige un uso público de la razón. El ciudadano de una auténtica democracia no puede ser un *hooligan* ideológico, un fiel seguidor de un líder mesiánico o un celoso defensor de un conjunto de dogmas, sino alguien capaz de autodeterminarse moralmente desde el conocimiento del bien.

Cuando en los libros V, VI y VIII de *La República* Platón sugiere un gobierno de filósofos, no está proponiendo la extravagante idea de una especie de dictadura de profesores de filosofía, sino una reforma educativa que forma ciudadanos capaces de gobernarse a sí mismos bajo el imperio de la razón, tan justos y sanos que harían innecesarios tanto los tribunales de justicia como los dispensarios médicos.[16]

La proliferación de delitos y enfermedades es el síntoma claro de una mala educación. Así lo entendía Concepción Arenal cuando pronunció: «Abrid las escuelas y se cerrarán las cárceles»[17] en el marco de una disertación sobre la incompetencia de las autoridades educativas españolas. La mejor educación debería alojar a un buen médico y a un buen legislador en el interior del educando, pero, sobre todo, un guardián con talento, sabiduría práctica y preocupación por el bien común, porque el pilar sobre el que se sostiene la democracia es el alma de sus ciudadanos. Educar verdaderos ciudadanos supone crear el más justo de todos los estados, pues la virtud de la sociedad reside en sus miembros. Por eso es necesaria una educación que modele almas justas, que armonice cada parte del alma y genere un cosmos interior a partir del caos originario. Ser justo no consiste simplemente en realizar actos de justicia, requiere cuidar y mantener el cosmos del alma.

Platón identifica la justicia con la salud del alma y a la filosofía con su medicina.[18] El médico prescribe a cada individuo el régimen de vida adecuado y la dieta conveniente desde su conocimiento de la naturaleza del cuerpo humano. El filósofo es un terapeuta del alma que, desde su conocimiento del espíritu humano, prescribe conocimientos y encauza el alma hacia la virtud. Solo la filosofía puede educar la virtud porque solo ella puede esclarecer cuáles son los valores supremos que han de guiar la existencia de un hombre y descubrir qué es lo verdaderamente bueno para la vida humana. La reforma platónica no es de la ciudad, sino de la ética del ciudadano. Ni los dioses ni la suerte son culpables del estado de nuestra alma. Tenemos tanta responsabilidad moral sobre nuestro propio carácter como sobre el estado físico de nuestro cuerpo.

Las enfermedades del alma

La enfermedad espiritual es un desajuste del alma que se produce cuando lo peor domina sobre lo mejor. Podríamos afirmar que las dolencias del alma vienen a ser una especie de rebelión en la que alguna de las partes inferiores usurpa el poder de una razón débil. Platón nos ofrece un catálogo de los caracteres patológicos con sus respectivos síntomas y, siguiendo con la metáfora política, ejemplifica cada patología de la personalidad con diferentes formas de gobiernos ilegítimos.[19] Así como el médico ha de evitar la enfermedad o el buen gobernante ha de combatir la corrupción, el educador debe corregir el mal carácter. De un mal cultivo del alma nunca se puede esperar una buena cosecha.

La educación virtuosa ha de tener como norma el estado de perfección del ser humano igual que en la medicina la norma es el estado de salud, o como en la agricultura es la forma mejor y más conveniente de la planta. Si del hecho de que exista una gran cantidad de hombres enfermos no deberíamos concluir que la enfermedad es un estado deseable, tampoco del hecho de que la mayoría vivan en la mediocridad deberíamos admitir esta como la norma. Todo estado que no sea el de la virtud no es otra cosa más que una forma de empeoramiento de nuestra humanidad, un tipo de degeneración. Como ya dijimos al final del capítulo anterior, en el camino hacia la perfección, o se está subiendo o se está bajando, no hay llanos. Pues bien, lo que se presenta seguidamente es una gradación de la mediocridad, desde el tipo de hombre más cercano a la virtud, sin ser por ello virtuoso, hasta el más enfermo y despreciable.

El hombre espartano

Platón acuña el término *timocracia* para referirse al estado más cercano a la perfección. *Timé* en griego significa «honor, valor, precio, aprecio», y designaba, ante todo, la buena imagen que la comunidad tenía de un héroe, un guerrero o un ciudadano. Esparta era una sociedad militar en la que todos se conocían y reconocían mutuamente. El brillo de la mirada de sus iguales era el espejo en el que la persona determinaba su valía. La mirada de la comunidad impulsaba al individuo a elevarse, a sobrepasar sus propios límites, a querer ser más. Perder el honor significaba degradarse hasta tal punto que uno ya no podía volver a mirar a la cara a los demás y su única salida era abandonar la comunidad.

El hombre de honor actúa siempre en coherencia con lo que se debe hacer, se reconoce en las obras más que en las palabras y actúa rectamente en toda circunstancia por encima de los intereses personales y a pesar de las dificultades. Su comportamiento es noble y ejemplar; el problema es que no actúa por una convicción interior, sino por prestigio y buena reputación. Por eso Platón lo sitúa en un estado de ambivalencia con respecto a la virtud: amigo de las musas aunque bastante poco musical, amigo de escuchar pero incapaz de hablar, amable con los hombres libres pero cruel con los esclavos, obediente con los superiores pero con ansias de poder y de distinguirse. A veces, incluso puede obrar movido más por un adiestramiento impuesto por la fuerza que por un conocimiento del bien. La potencia de su acción no es tanto el amor a la virtud como la ambición.

Platón ejemplifica la degradación del alma del hombre de honor con la imagen de un padre, una madre y su hijo. Nos pide que imaginemos a un joven espartano que, a pesar de manifestar una conducta noble, carece de la fuerza espiritual necesaria para conservar la *areté*. Uno de sus progenitores cultiva y fortalece la parte racional del alma del muchacho, mientras que el otro estimula su temperamento hasta conseguir que el cochero suelte las riendas y que sea el caballo blanco, la parte intermedia del alma, el que tome el control. El joven deja de actuar reflexivamente y se apasiona en exceso, el honor toma el lugar de la virtud y así termina degenerando en un hombre arrogante y ambicioso. Nosotros podríamos poner como ejemplo el de un joven escritor al que le mueve, además de su amor por la escritura, el deseo de ser famoso. Un desconocimiento de sí mismo y una mala lectura de la realidad van haciéndole permeable a una cultura del éxito que impone la obligación de competir y ganar siempre. Poco a poco, la escritura se va convirtiendo en un simple medio. Lo que le empuja ya no es el amor al arte, sino su ambición por publicar para alcanzar reconocimiento y respeto. Cuando sueña despierto, se imagina ganando influencia, prestigio y dinero. La ambición es una motivación engañosa que lo va alejando paulatinamente, y sin que se dé cuenta, de la virtud.

La biología parece darle la razón a Platón: los machos humanos, como los bonobos, suelen reaccionar ante la competencia aumentando los niveles de cortisol que inducen a comportamientos cooperativos. Sin embargo, si se tiene un ardiente deseo de alcanzar o mantener un estatus de poder, los machos experimentan, como los chimpancés, un incremento de la testosterona, que promueve la agresividad. El error de la educación espartana, según Platón, consiste en fomentar un modelo basado más en la testosterona que en el cortisol, en la violencia y no en el conocimiento, en competir con el otro en lugar de con uno mismo, en la mera adoración del éxito y no en el sincero deseo de ser virtuoso.

No está de más recordar que la palabra latina *exitus*, de la que proviene nuestro *éxito*, significa «salida», un concepto que en sí es neutro, pero que cuando se refiere a la vida, significa su muerte: *exitus letalis* es el término médico para designar el «proceso hacia la muerte». La moral del éxito es la desencadenante de una *virtus letalis* que culmina en una vida fracasada, tal como nos recuerda la expresión «morir de éxito».

El hombre oligárquico

El exceso de ambición degrada al hombre timocrático hasta una nueva especie de carácter enfermizo: el oligarca. El hombre oligárquico nace cuando el timocrático se entrega al dinero y con ello mata la parte valerosa de su alma de la que brotan las acciones heroicas. Llega a la conclusión de que para obtener riqueza no es necesario sacrificarse como exige la virtud. «¿Qué sentido tiene cultivar lo bello si no da dinero?», piensa. La avaricia lo convierte en un «in-culto» sin ideales que desprecia todo aquello que no sirve para enriquecerse.

En nuestra sociedad, el éxito ha terminado por asociarse al dinero, y con ello la virtud ha quedado rebajada a un simple valor de cambio. Tanto tienes, tanto vales. Platón ya nos previno de aquellos mendigos y hambrientos de bienes personales que van a la política creyendo que es de ahí de donde han de sacar la riqueza,[20] y quien dice política también dice cualquier otra actividad en la que el ser humano se dignifica. Por eso, en el *Fedro* nos dibuja a un Sócrates recomendando a aquellos que deseen ser virtuosos que solo acumulen el dinero que puedan llevar encima. Platón está convencido del envilecimiento que supone hacer de la virtud un valor económico, y por eso propone la austeridad como profilaxis para esta enfermedad cuya causa es la consideración del dinero como pauta suprema del valor social.

Esta fe materialista que cree que el dinero lo hace todo acaba produciendo un individuo capaz de hacer cualquier cosa por dinero. Por eso Platón afirma que allí donde se cotiza muy alta la posesión de dinero desciende el valor de la virtud.[21] Identificar el dinero con la virtud degrada a la virtud, al hombre y a la sociedad. No solo es una desgracia individual, sino también social, y, sin embargo, este es el modelo de felicidad imperante. No debiera resultarnos extraño que, bajo condiciones capitalistas, se asocie el desarrollo personal con adquirir ciertas mercancías que se desean, aunque ese deseo esté alienado puesto que deseamos lo que otros desean que deseemos. La consecuencia lógica de una producción masiva es un consumo masivo.

Para el sujeto oligárquico, la economía toma el lugar de la filosofía y con ello olvida la pregunta de cómo se ha de vivir para ocuparse solo de los medios, se desarrolla técnicamente pero no piensa qué forma de vida quiere llevar, porque esta última le viene determinada por el sistema. El hombre oligárquico está dispuesto a trabajar más horas y reducir su tiempo libre (el tiempo del hombre libre) a cambio de aumentar su renta. El confort no lo paga realmente con dinero, sino con una autoexplotación.

La vida debe ser, sobre todo, tiempo de ocio, que ni es tiempo de descanso ni, mucho menos, de consumo. Los clásicos usaban el término *otium* para referirse al tiempo en el que uno se retiraba del negocio diario (*negotium*) para participar en las actividades que se consideraban valiosas en sí mismas e improductivas económicamente porque en ellas no es posible el consumo: la política entendida como deliberación del bien común, la escritura, la lectura, la ciencia, la filosofía, el arte, la amistad, el deporte, el amor, la conversación, etc. El trabajo se definía como la negación del ocio; hoy, el ocio se define como el momento de no trabajo. Cuando César obligó a Cicerón a un periodo de inactividad, este usó el tiempo de reclusión para lo que llamaba un *otium cum dignitate*, un «ocio digno», un «ocio que merece la pena», es decir, cultivarse a sí mismo. Nuestro ocio no tendría que ser únicamente tiempo de reponer las fuerzas y recargar las pilas para continuar produciendo a la vuelta, sino una oportunidad para desarrollar actividades que nos hagan crecer como personas y saborear intensamente los dones que la vida nos ofrece.

Los ciudadanos atenienses fueron hombres de acción: inventaron la primera democracia de la historia, lideraron una liga de ciudades libres, crearon un emporio comercial y económico, derrotaron al imperio más poderoso de entonces, etc. Sin embargo, su pragmatismo y su intensa actividad no les cegaron, todo lo contrario; se liberaron de la tiranía de la producción y dispusieron de espacios y tiempos para pensar, discernir, deliberar y dialogar con los suyos sobre los asuntos eternos. Una de las características principales de los diálogos de Platón es la ausencia de tiempo. Sus personajes conversan y, en la mayoría de los casos, se ven sorprendidos por la caída del sol. Platón parece estar queriéndonos decir que para actuar es necesario pensar y para pensar es necesario parar.

No obstante, la frenética forma de vivir del hombre oligárquico le impide parar, y por eso mismo le impide pensar, con lo que pierde progresivamente su poder de autodeterminación y autogobierno. Cuando la virtud se materializa en una mercancía, el cochero del alma entrega las riendas al sistema productivo, lo que conlleva terminar arrastrado a un estilo de vida basado en adquirir y acumular experiencias y bienes de consumo más allá de lo razonablemente necesario.

El hombre democrático

Si la salud del alma es un estado de armonía entre sus partes alcanzado cuando lo mejor gobierna sobre lo peor, esta patología se caracteriza por una situación de anarquía y falta absoluta de criterio. En el alma del hombre democrático no existe ni lo mejor ni lo peor: razón, temperamento y pulsiones poseen iguales derechos políticos. Todo deseo y aspiración posee el mismo valor. Por causa de esta falta de juicio, el hombre democrático es incapaz de distinguir lo necesario de lo innecesario, lo conveniente de lo inconveniente, lo valioso de lo superfluo. En su alma, el error posee el mismo estatus jurídico que la verdad. Todo en él, si procede de él, tiene equivalente valía.

La razón cede un poder basado en el conocimiento de lo bueno a la fuerza de la mayoría, es decir, a lo que el individuo sienta con mayor fuerza en un momento determinado. La vida de este tipo de hombre no tiene orden ni proyecto porque carece de certezas sobre el bien, sobre lo que merece la pena en la vida o sobre los otros. Vive sin saber para qué vive. De pronto se identifica intensamente con una cosa como la abandona por otra. No se somete a ninguna norma interior. Carece de autodisciplina y de referentes. No posee ningún ideal de ser humano; es más, niega la misma existencia de una naturaleza humana porque se cree único y especial.

El hombre democrático cree poseer en su interior una esencia singular y exclusiva que debe descubrir, dejar aflorar y exhibir. Incluso, si fuera necesario, hace uso de la cirugía para llegar a ser quien realmente es. Considera virtuosas todas sus acciones por el mero hecho de ser una manifestación de su identidad sentida y, por ello, postea selfis impulsivamente para compartir con el universo su singularidad: «Yo comiendo», «Yo con mi perro», «Yo tomando mi café», etc.

Aunque a Popper le pese, el ataque de Platón no es a la democracia como sistema político, sino al individualismo naíf. Lo que él llama «hombre democrático» es lo que nosotros llamaríamos hoy «hombre ególatra». El individualismo es para Platón una patología de la personalidad fruto de una mala educación que le ha hecho creer que él es lo más importante y que «todo se trata de mí».

Si se alaba en exceso al niño, al final no solo se cree único, sino que engendra un imperativo que le obliga a sentirse siempre especial, un mandato que no solo es perjudicial para la persona, sino también para la sociedad. Un ejemplo de esta patología es aquella joven que cortó la circulación de una calle de acceso a un hospital para celebrar una fiesta por su cumpleaños y se justificó ante las cámaras gritando: «¡Mi cumpleaños es más importante!». Freud describió esta enfermedad, que hoy hemos convertido en norma cultural, como un desorden narcisista de la personalidad. Este tipo de hombre, que ha sido educado al margen (o incluso en contra) de una comunidad y una tradición, padece una necesidad de admiración y una falta de empatía. Su educación ha sido individualizada e individualizadora, más allá de toda responsabilidad social y de todo proyecto colectivo.

Percibe el bien común como una ilegítima imposición porque entiende la libertad como sentirse libre de cualquier atadura al otro. Ser libre es, para él, sentirse libre de deberes. A pesar de creerse con derecho para todo, es un desgraciado que espera que el Estado resuelva todos sus problemas. Para este hombre solo existe su presente. El pasado no es una herencia cultural, una memoria colectiva o un pozo de sabiduría, sino solo el lugar en el que no estuvo y que, por tanto, carece de todo valor. Por otro lado, el futuro, como progreso social, no es para él una preocupación que merezca hipotecar el placer inmediato de la novedad.

Sus relaciones, usando el concepto de Zygmunt Bauman, son tan líquidas como las que nuestro cuerpo experimenta con el agua: un vínculo frágil, momentáneo y pasajero. La pareja, la familia o el trabajo, como el agua, tarde o temprano se evaporan. La tendencia es a que sus encuentros sean cada vez más superficiales, fugaces, pues vive todo compromiso como una fuente de peligro a su sacrosanta autonomía. El hombre individualista percibe a los demás como una mercancía con la que satisfacer sus necesidades y experimenta cualquier tipo de amor desde el paradigma del consumo. Sus encuentros analógicos toman como modelo a los digitales, donde se conecta y se desconecta en función de sus apetencias.

Según Platón, ese hombre inevitablemente cederá a sus apetitos e instintos más dañinos hasta que quede transformado en el tipo de ser humano más enfermo y execrable: el tirano.

El hombre tiránico

El camino hacia un alma tiránica arranca con una educación democrática en la que el adulto se iguala al niño. Platón arremete contra el que considera el más perjudicial de todos los modelos pedagógicos,[22] aquel en el que el educador hace dejación de sus funciones. Para Platón, en esta educación los padres se obsesionan con no parecer duros o despóticos y se adaptan a las exigencias del niño, que es tratado como un adulto, lo que genera que pierda el respeto hacia cualquiera de sus mayores. El profesor teme al alumno, que ya no conoce ni la vergüenza ni el pudor, y se protege contra él adulándolo. El exceso de miel hace que, un día, el niño se levante convertido en un «zángano», la mayor amenaza para la vida colectiva. Si el padre se convierte en amigo de su hijo, le deja huérfano, y si el maestro se transforma en un acompañante del proceso personal del alumno, le abandona a la ignorancia.

Este desecho de hombre lleva una forma de vida instintiva, amoral, brutal y salvaje. Cuando rompe los frenos de las inhibiciones, termina convertido en esclavo de las pulsiones más bajas y abandonado a una fase «pre-humana». Cuando Albert Einstein le preguntó a Sigmund Freud el porqué de la guerra,[23] este le respondió que el ser humano no es un ser manso, amable, a lo sumo capaz de defenderse si lo atacan, sino que está dotado de una buena cuota de agresividad, de una pulsión natural a la violencia. En consecuencia, el prójimo no es solamente alguien a quien amar, ayudar, o alguien con quien construir algo juntos, sino también la tentación para satisfacer en él nuestros más bajos instintos: la agresión, explotar su fuerza de trabajo sin resarcirlo, usarlo sexualmente sin su consentimiento, desposeerlo de su patrimonio, humillarlo, infligirle dolores, martirizarlo y asesinarlo. Freud, un gran explorador de las profundidades del alma humana, lo mismo que Platón, observó que cuando la razón se debilita hasta el punto de que el caballo negro toma el poder, el simio bestial emerge para llevar a cabo las más terribles atrocidades.

La tiranía se instaura en el alma del joven cuando este queda reducido a ser un títere de sus instintos y la razón no tiene influencia sobre él. Según Platón, existen tres fuerzas creadoras de tiranos: lo erótico, el alcoholismo y la *manía*[24] (término griego que significa estar fuera de sí, furia y rabia desmedida, cólera, etc.).

El alcoholismo es un símbolo de la falta de autocontrol o de lo que los griegos llamaban *akrasia*. Esta palabra está compuesta por el prefijo privativo «a-» y por el sustantivo *kratos* («poder»), y puede traducirse literalmente como «falta de poder» o «falta de dominio». Se refiere a un estado de irracionalidad que genera que el individuo actúe en contra de su bien. En este estado, la voluntad cede ante un impulso aun cuando se entiende que no será bueno. También sería *akrasia* no hacer lo que se debe porque no apetece. Platón nos narra el paradigmático caso de Leoncio,[25] un vecino de Atenas que mientras subía del puesto del Pireo por la parte exterior del muro norte de la ciudad, se topó con unos cadáveres que estaban tirados por el suelo al lado del verdugo. Comenzó entonces a sentir un morboso deseo de verlos, pero al mismo tiempo le repugnaba la inclinación y la reprimía; y así estuvo luchando y cubriéndose el rostro hasta que, vencido por su apetencia, abrió los ojos y, corriendo hacia los muertos, dijo: «¡Ahí los tenéis, malditos, saciaos del hermoso espectáculo!».

Las otras dos fuerzas tiránicas también fueron tratadas por Freud, aunque él las denominó Eros y Thánatos,[26] las dos pulsiones primarias, inseparables, que habitan en los abismos de nuestra alma, vestigios de ese simio salvaje que fuimos. El Thánatos recoge el conjunto de pulsiones agresivas y destructivas volcadas hacia el exterior (pulsión de destrucción) o hacia el propio individuo (pulsión de muerte o culpa). El Eros aglutina todas las pulsiones, instintos sexuales y fuerzas libidinales cuya misión es perpetuar la vida. Eros y Thánatos son las dos fuerzas que viven en lo que Freud llamó «Ello», nuestra personalidad primitiva, fuente de los impulsos biológicos, que Platón ilustraba con la tenebrosa imagen del monstruo de múltiples cabezas de animales y bestias, y que se rige por el principio de placer cuyo *leitmotiv* busca la inmediata satisfacción de todos los deseos.

El niño es fundamentalmente ello, motivo por el cual Freud se refiere a él con la expresión de «perverso polimorfo» que recuerda tanto al monstruo multicéfalo platónico. Pues bien, al igual que Platón, Freud considera que la primera función de la educación debe ser la de someter al tirano. El adulto debe ejercer su autoridad y poner límites para que el niño aprenda a controlar sus pulsiones y soporte la frustración de sus deseos egoístas, condición necesaria para la vida social. Por medio de la cultura, el ser humano puede emanciparse del estado de servidumbre al de libertad, puede dejar de ser un títere de sus instintos y adquirir un pleno autocontrol, porque, de lo contrario, el niño se convertirá en un tirano, intolerante al no, agresivo, sin empatía y sin capacidad para expresar y gestionar sus emociones.

Es fácil generar un tirano en el alma de un niño, los progenitores tan solo deben seguir los siguientes pasos:

- Ser excesivamente permisivo y hacer todo tipo de concesiones para evitar el conflicto.
- No poner límites, normas claras o ser incongruente con estas.
- Compensar la falta de atención satisfaciendo todos sus caprichos, sobre todo materiales.
- Normalizar la mentira, la manipulación, las trampas y la violencia verbal o física.
- Evitar que asuma algún tipo de responsabilidad sobre sus actos.
- Quitar la autoridad a sus profesores.
- No someterle a retos intelectuales, morales o físicos.
- Concederle privilegios sin haber hecho nada para merecerlo.
- No revisar lo que lee, escucha o ve.
- Permitir el acceso a la tecnología y a las redes sociales lo antes posible.

Centrémonos en el último punto, las pantallas, porque muy posiblemente Platón le hubiera dedicado al menos un libro de su *República* si lo hubiese escrito hoy. El control de la atención es una de las claves del desarrollo de la inteligencia. Podemos definirla como

> la voluntad conscientemente orientada a un objeto o a un fin [...] que conscientemente se abre paso entre los diversos estímulos que compiten por distraerla, para centrarse en un fin que considera superior a esos estímulos. Es, pues, una facultad cognitiva en guardia, ya que siempre ha de competir con una coalición enemiga que está al acecho y a la que nunca acaba de derrotar por completo, la de las inci-

taciones a la distracción [...] la capacidad de retorno a lo relevante.[27]

La atención es como un foco que alumbra la parte de la realidad a la que se dirige, pero que deja en penumbra el resto. Mantener el foco de atención quieto no es tarea fácil. La capacidad de no distraerse con lo irrelevante y concentrarse en lo relevante es una virtud intelectual que se entrena con el hábito y que, igualmente, se destruye con un mal hábito.

La educación atencional, además de capacitarnos para concentrarnos en una tarea, nos permite la introspección, tan importante para la reflexión, el autoconocimiento, el pensamiento crítico y el cuidado de uno mismo. Sin un adecuado entrenamiento de la atención es imposible meterse dentro de uno mismo y olvidarse, por un momento, del mundo. Y sin la capacidad de introspección es imposible cultivar la interioridad necesaria para pensar, escribir, componer música, meditar, discernir, juzgar adecuadamente, disfrutar de una honda experiencia estética, resolver problemas matemáticos, controlar los impulsos, leer y entender lo que se lee, decidir y ordenar la propia conducta, proyectar la vida y cualquier otra actividad que nos dignifica como seres humanos.

Pues bien, todas las evidencias muestran que el uso de pantallas por parte del niño y el abuso por parte del adulto es un mal hábito atencional que no solo incapacita para las tareas intelectuales más elevadas, sino que alimenta en exceso al caballo negro de nuestro psiquismo. Finlandia, que durante años ha estado en la vanguardia de la excelencia académica, ha ido empeorando progresivamente sus resultados. La Universidad de Helsinki, tras un exhaustivo estudio liderado por Aino Saarinen, ha encontrado la causa en la digitalización de las aulas. Australia también ha alcanzado el nivel académico más bajo de su historia y ha llegado a las mismas conclusiones que Finlandia. Según una investigación realizada por el Instituto de Educación Gonski (Universidad de Nueva Gales del Sur, Canberra), tres de cada cinco maestros en Australia creen que ha habido una clara disminución en la preparación de los estudiantes. Más del 80 por ciento de los profesores australianos piensan que los dispositivos digitales son una distracción cada vez mayor para los estudiantes y han informado que aumenta peligrosamente el número de niños que llegan cansados a la escuela porque el uso de la pantalla por la noche les impide el sueño reparador necesario para el trabajo intelectual. Según estos estudios, los adolescentes pasan ocho horas o más al día con sus dispositivos, lo que genera una incapacidad para la concentración que les impide estar listos para aprender las habilidades y conocimientos complejos.

Los niños con sobreexposición a las pantallas tienen un lenguaje y una capacidad intelectual más pobres.[28] No es que las nuevas tecnologías sean de por sí malas, pero las evidencias muestran que causan estragos en niños y jóvenes. El abuso y el mal uso de las pantallas rebajan nuestras capacidades humanas.

El neurocientífico francés Michel Desmurget se preguntó si la «revolución digital» supone una oportunidad para los jóvenes o es realmente una industria diseñada para crear cretinos digitales.[29] Su ensayo es un minucioso análisis que llega a conclusiones preocupantes: los dispositivos digitales están afectando gravemente, y para mal, al desarrollo neuronal de niños y jóvenes. Los «nativos digitales» tienen un coeficiente más bajo que sus padres y la explicación está en que el uso continuado de pantallas causa una disminución en la calidad y la cantidad de interacciones intrafamiliares, fundamentales para el desarrollo lingüístico y el emocional; interrumpe el sueño que el cerebro necesita para desarrollarse; limita el tiempo para dedicarse a otras actividades más enriquecedoras (tareas, música, arte, lectura); estimula en exceso la atención generando con ello trastornos de concentración, aprendizaje e impulsividad; deja de estimular intelectualmente el cerebro impidiendo que desarrolle todo su potencial; genera desequilibrios como la desesperación por estar siempre conectado y revisando las notificaciones por el miedo a perderse algo. Y a todo ello hay que sumar que las redes sociales como TikTok son la caverna 2.0, un espacio de desinhibición de los instintos y las pulsiones más brutales, de excitación de emociones como el miedo y el odio que nublan la racionalidad, y en donde las opiniones tienen más peso que el conocimiento. No se trata de satanizar las pantallas, pero, como reflexiona Luri, no son adecuadas para niños y adolescentes.[30] Tampoco los automóviles son en sí una tecnología mala, pero nadie en su sano juicio pondría a un niño al volante.

Afortunadamente, Platón marcó el camino de salida de toda caverna, incluida la digital, en la que nos hemos metido. Para que el prisionero pueda escapar, es preciso comenzar a entrenarlo a domar el león y así evitar que sea la fiera quien le domine a él. El educador debe conseguir que el joven, en el seno de su alma, instaure el imperio de lo humano sobre lo animal.[31] Y para conseguirlo, es necesario que el niño no haga uso de su autonomía hasta que haya sido capaz de construir la república platónica en su interior, porque, como ya advertimos, la autodisciplina solo se educa por medio de una disciplina exterior.

Marco Aurelio se escribía a sí mismo, en los descansos que su intensa actividad política y militar le permitía: «No esperes la República de Platón; por el contrario, considérate satisfecho si lo más nimio progresa y considera que el resultado de esto mismo no es algo insignificante».[32] El emperador filósofo entendió el sentido del diálogo platónico: es irrelevante si ese Estado es una utopía irrealizable, como también lo es si existe o no el país de las maravillas en el que cae Alicia, porque Platón no está haciendo una llamada a la revolución política, sino a la revolución ética: la misión de todo ser humano es construir y conservar «el Estado en nosotros», «la República del alma». El único camino para alcanzar un Estado político perfecto es educar jóvenes filósofos que dediquen sus vidas a formarse a sí mismos del modo más perfecto.[33]

La educación de los guardianes

A las afueras de Atenas, entre las hermosas alamedas de olivos y plátanos de los jardines del santuario dedicado al héroe Akádêmos, Platón fundó una escuela filosófica cuyo nombre se ha convertido en sinónimo de templo de la ciencia y comunidad de sabios que buscan la verdad.

La Academia fue un centro de estudios superiores consagrado a las Musas y a Apolo, Señor de las Musas y epítome de la razón, en el que se cultivaron especialmente la matemática y la dialéctica mediante diálogos, debates, discusiones y lecciones. Estaba organizada bajo unos estatutos y poseía un programa de estudios, biblioteca, museo, comedores, dormitorios, etc. Nunca antes había habido en Grecia una institución de este género, y fue tal la expectación que causó, que comenzó a recibir alumnos procedentes de toda la cuenca del Mediterráneo.

Aunque la Academia tenga ciertas similitudes con una universidad, el fin último de la escuela no era instruir sino educar ciudadanos capaces de renovar el Estado. Los alumnos, mediante el método dialéctico, se iban formando en comunidad con el resto de los miembros de la institución.

La premisa pedagógica de la Academia era la misma que muchos siglos después adoptó la Ilustración: el conocimiento mejora a las personas y, por consiguiente, también a la sociedad. Razón, ciencia y educación son las mejores herramientas para perfeccionarnos tanto individual como colectivamente. Cuando la razón piensa críticamente, libre de las ataduras de la superstición, los dogmas y la intolerancia, se convierte en luz para la humanidad. Quizá sea por eso por lo que Apolo es a la vez dios del sol y de la razón. Por el contrario, como bien dibujó don Francisco de Goya en su *Capricho 43*, es al dormir la razón cuando el ser humano produce, en los rincones oscuros del alma que Platón y Freud exploraron, los más aberrantes monstruos.

Platón compartía la convicción del poder de la razón para conjurar las tinieblas y el oscurantismo, desenmascarar los errores y desterrar los vicios, y guiarnos hacia la verdad y la virtud. Elías, un comentarista de Aristóteles, cuenta que «en la Academia de Platón, delante del templo de las Musas estaba escrito: "No entre nadie que no conozca la geometría"», y Diógenes Laercio narra una anécdota que da buena muestra de la importancia de las matemáticas en la enseñanza platónica: Jenócrates quería estudiar con él sin saber ni música, ni geometría, ni astronomía, y Platón le dijo: «Vete, pues no tienes los asideros de la filosofía».[34] Platón considera la matemática (del griego *mathema*, «estudio de un tema», «saber comprendido») como paradigma de todo saber, ya que sus teoremas no son opiniones, sino verdades universales e independientes de toda ideología que puede descubrirlas cualquiera que ejercite correctamente la razón. La verdad de la proposición «En todo triángulo rectángulo, el cuadrado de la hipotenusa es igual a la suma de los cuadrados de los catetos» no depende de que la persona que la enuncia sea hombre o mujer, rico o pobre, ateniense o persa.

Platón no era un matemático, pero estaba muy interesado en el método de razonamiento y la forma rigurosa de demostrar de este saber; estaba persuadido de la importancia de esta materia para la formación del ciudadano. Para resolver un problema matemático, es necesario comprender los conceptos y saber razonar más que memorizar datos, definiciones o procedimientos. Platón fue consciente de que la resolución de problemas matemáticos tiene la función pedagógica de amueblarnos la cabeza; con el estudio de la matemática se crea hábito de pensamiento y se desarrollan las facultades intelectuales necesarias para la práctica de la filosofía.

Como vimos, el objetivo de la educación filosófica es preparar al individuo para que pueda ejercer competentemente la ciudadanía. Pues bien, la dialéctica fue la metodología usada en la Academia para practicar la filosofía y, con ello, formar ciudadanos competentes. El término *dialéctica* proviene del griego *dialektiké tékhne*, que a su vez procede del verbo *dialego* («conversar, discutir»), y que podemos traducir por «arte de la argumentación y la contraargumentación». Consiste en contraponer dos enunciados bien fundados lógicamente para, mediante un diálogo en el que se formulan preguntas y se analizan las respuestas, remontarnos desde «verdades parciales» hasta «la verdad total». A diferencia del debate o de la mera opinión, el método dialéctico es sistemático, ya que intenta sintetizar todas las partes en una sola visión que las unifique y que muestre la esencia de los diversos fenómenos. Resolviendo este tipo de problemas filosóficos se lograba adquirir la visión de conjunto necesaria para el buen gobierno.

El método dialéctico es un método de persuasión que prescribe el uso del poder coercitivo o de la violencia y que exige argumentar, es decir, exponer las razones de nuestras opiniones, creencias o ideas. En el diálogo filosófico tomamos conciencia de las premisas que hasta ahora dábamos como válidas sin suficiente certeza racional, extirpamos las opiniones falsas de nuestra alma, comprendemos la dificultad que entraña descubrir la verdad, nos damos cuenta de cuáles son las fuentes del error en nuestro pensamiento, nos pertrechamos adecuadamente contra la mentira y constatamos que la opinión mayoritaria es siempre discutible. No es un juego de retórica, sino un ejercicio de higiene intelectual con el que sometemos a la razón nuestros propios juicios y exigimos a los demás que también los razonen y, como afirmaba Platón, todo esto se hace entre amigos.

La Academia moderna

¿Sigue teniendo vigencia el proyecto de la Academia? Los revolucionarios franceses compartieron con Platón la idea de que nada hay más revolucionario que educar ciudadanos, porque, como afirmaba Diderot, bien sabe la nobleza que un campesino que lee es más difícil de oprimir que otro. Jules Ferry fue el encargado de rescatar el proyecto político platónico y de crear con ello el mejor modelo moderno de escuela de ciudadanía de la que salieron los primeros hijos de la República. El mismo Ferry confiesa que entendía su escuela como una prolongación de la Revolución:

> Me hice un juramento; entre todos los problemas del tiempo presente, elegiré uno, al que dedicaré toda mi inte-

ligencia, alma, corazón, potencia física y potencia moral: es el problema de la educación del pueblo. La desigualdad en la educación es, en efecto, uno de los resultados más escandalosos y más lamentables, desde el punto de vista social, del hecho de nacer en el seno de una u otra familia. [...] Me he impuesto un deber: intentar atenuar ese privilegio de nacimiento en virtud del cual he podido adquirir un poco de saber, yo, que solo he tenido la culpa de nacer.[35]

Ferry era bien consciente de que el conocimiento es poderoso y de que la escuela es el único lugar en el que los niños, en especial los pobres, pueden empoderarse y ascender no solo socialmente, sino, sobre todo, humanamente.

Instruir conocimiento es ejercitar en la virtud. El término *instruir* procede del latín *instituere*, que significa «levantar, poner en pie». La verdad del conocimiento aumenta a la persona, la empuja a desarrollarse, a construirse, a realizarse. Con Ferry, la instrucción pública se convirtió en un deber de la democracia para con sus ciudadanos más jóvenes. El objetivo de la educación republicana tenía que dejar de ser el de consagrar las opiniones establecidas por el poder. Tras la Revolución, se trataba de «devolver la razón al pueblo», como reza la célebre frase de Condorcet. Y para alcanzar esta meta, la escuela debía recuperar la función de la antigua Academia: someter todas las opiniones al libre examen.

El deber de la Escuela Republicana es enseñar que creer no es saber y que toda opinión que procede de las particularidades culturales no puede pretender ser universalmente reconocida y compartida. La auténtica libertad, único terreno en el que florece la virtud, solo puede ejercitarse si el saber ocupa el espacio del creer. Por eso la Academia moderna buscó desarrollar la inteligencia de los jóvenes, formar su carácter y su conciencia y hacerlos «hombres de bien» por medio del trabajo duro, ya que todo aquello que vale la pena conseguir requiere un esfuerzo serio y prolongado. Como en la vieja Academia, el aprendizaje en la Escuela Republicana francesa fue entendido como un exigente proceso para desarrollar virtudes, y la sabiduría, como un estado tanto intelectual como moral.

No obstante, siempre ha habido, y seguirá habiendo, enemigos de la Academia que consideren que un saber abstracto que busque cultivar la razón y dar a sus facultades el máximo desarrollo no le conviene al pueblo, y que la educación debe limitarse a aprender conocimientos «útiles», es decir, capacidades manuales para producir mercancías.

El *magister* Cunqueiro afirmaba que para disfrutar del comer hay que añadirle siempre a la comida un poco de conocimiento. Decía este sabio gallego que si al comer una andarica la aderezamos con el conocimiento de que el naturalista sueco Carl Nilsson Linnaeus le dio el nombre científico de *Portunus puber* por Portunus, dios romano protector de los puertos, y porque los pelillos del casco de este crustáceo recuerdan a los que lucen los niños en su pubertad, es evidente que las andaricas nos gustarán mucho más; y si a un centollo de nuestros mares que parece vestido del mismo plata y carmesí con que Velázquez pintó a la infanta Margarita cuando se nos presenta recién cocido, lo regamos con el conocimiento de que el naturalista alemán Herbst lo nombró *Maia squinado* en honor a la más brillante de las estrellas de la constelación de las Pléyades que, saliendo por la mañana, le anunciaba al hombre griego que era hora de navegar, y saliendo por la noche, que tocaba amarrar la nave, no cabe duda de que el centollo nos parecerá más sabroso.

Este es el impagable valor de lo que Bertrand Russell llamaba los conocimientos inútiles: «El conocimiento de hechos curiosos no solo hace menos desagradables las cosas desagradables, sino que hace más agradables las cosas agradables». El filósofo inglés confesaba que encontró mejor sabor a los albaricoques desde que supo que fueron cultivados inicialmente en China, en la primera época de la dinastía Han; que los rehenes chinos en poder del gran rey Kaniska los introdujeron en la India, de donde se extendieron a Persia, llegando al Imperio romano durante el siglo I de nuestra era; que la palabra *albaricoque* deriva de la misma fuente latina que la palabra *precoz*, porque el albaricoque madura tempranamente, y que la partícula inicial «al» fue añadida por equivocación, a causa de una falsa etimología. Todo esto, asegura Russell, hace que el fruto tenga un sabor mucho más dulce.

Aunque la moda de nuestro tiempo es otra bien distinta, sobre todo desde que organismos económicos como la Organización para la Cooperación y el Desarrollo Económicos (OCDE) dictan a nuestras democracias cómo debe ser la educación. Nuestra actitud ante el conocimiento es la de cuestionar su valor y creer que el único saber que merece la pena adquirir es aquel que resulta aplicable en algún aspecto a la economía. El conocimiento está dejando de considerarse como un bien en sí mismo para pasar a ser valorado como un medio para forrarse, única aspiración en la vida del *Homo postmodernus*.

Sin embargo, esto no siempre fue así. Para los ilustrados, los humanistas del Renacimiento, los ciudadanos romanos defensores de la república y, muy especialmente, para un hombre griego como Platón, el conocimiento es un placer como comer, beber o hacer el amor, que tiene validez por sí mismo al margen de cualquier utilidad. Nadie sensato cuestionaría de qué sirve degustar un manjar, catar un buen vino o acariciar el cuerpo del ser amado en el instante previo al disfrute, puesto que este se esfumaría de nuestros sentidos con la misma rapidez con la que formulamos la pregunta. Lo mismo sucede con el conocimiento: preocuparnos por su productividad y su valor mercantil nos castra para experimentar un intenso goce intelectual.

Ferry tuvo que enfrentarse a aquellos que cuestionaban la Academia y opinaban que lo que los jóvenes debían aprender era «a dibujar y a manejar la garlopa y la lima, pues el bien de la sociedad demanda que los conocimientos del pueblo no se extiendan más allá de estas ocupaciones».[36] El discurso se mantiene hoy, aunque las destrezas y las herramientas son otras: hablar idiomas y manejar el Office.

La justicia social no es la que pone alta tecnología en las manos de un niño de un barrio obrero, sino alta cultura. Pero, por desgracia, para el hombre libre, la ideología pedagógica dominante cuestiona el valor del conocimiento. Los maestros están dejando de ser lo que son, *magisters* (literalmente, «el que más sabe»), para reconvertirse en *paidagogos*, el esclavo que se ocupa de acompañar a los niños.

El maestro, que había recibido de parte de la comunidad política la misión de socorrer al alumno de su ignorancia y elevarlo hacia la belleza del conocimiento, ha pasado a ser una especie de sherpa que camina el itinerario que al niño se le antoja. Las nuevas metodologías cuestionan los contenidos y la figura del docente, y prometen un éxito, del que no hay constancia, dando protagonismo y autonomía al alumno en su aprendizaje. Los currículos se reducen, los horarios se flexibilizan, se introduce la tecnología en el aula, se digitalizan los materiales, se trabaja con divertidos proyectos en los que se espera que el alumno descubra por sí mismo leyes físicas que la humanidad tardó 290.000 años en descubrir, etc. La enseñanza dirigida por el *magister* está siendo sustituida por formas de trabajo dirigidas por los alumnos. El resultado es una abrumadora caída del rendimiento académico, especialmente entre los estudiantes sin recursos.

Sin duda, no hay mejor manera de demoler los cimientos de la Ilustración que derribar los muros de la Academia.

6

Aristóteles: el hombre prudente

Además, es por las mismas causas y por los mismos medios por lo que toda virtud es tanto producida como destruida, y similarmente todo arte; pues es por tocar la lira por lo que se producen buenos y malos tañedores de lira. [...] Esto, entonces, sucede también con las virtudes; haciendo los actos que hacemos en nuestros tratos con otros hombres nos volvemos justos o injustos; y haciendo los actos que hacemos en presencia del peligro y habituándonos a sentir miedo o confianza, nos volvemos valientes o cobardes. Lo mismo pasa con los apetitos y los sentimientos de ira; algunos hombres se vuelven moderados y cordiales, otros demasiado indulgentes consigo mismos e irascibles, al comportarse de un modo u otro en las circunstancias apropiadas. [...] No es de poca importancia, pues, el que formemos hábitos de una clase o de otra desde nuestra mismísima juventud; es de muy grande importancia, o más bien de suma importancia.

ARISTÓTELES, *Ética a Nicómaco*,
1103a14-1103b25

Para Aristóteles, el objetivo de toda educación es que el alumno adquiera la virtud y se transforme en un buen ciudadano. Para ello, la educación debe completar las carencias de la naturaleza, ya que ningún ser humano nace con todas sus capacidades en pleno desarrollo; todo lo contrario: llegamos al mundo en la más absoluta de las indigencias. Nadie nace juzgando correctamente, dominando una determinada técnica o poseyendo un autocontrol sobre sus deseos, apetitos y pasiones; todo esto se aprende tras un largo proceso de perfeccionamiento de nuestra humanidad.

Así pues, la tarea educadora debe intentar que germinen las innatas capacidades del niño y potenciarlas hasta su desarrollo máximo. Contemplar el conjunto de nuestras aptitudes naturales como una especie de goma[1] que se estira es una imagen que puede ayudarnos a ilustrar esta idea. Tanto el grado máximo de elasticidad como el grado mínimo del que se parte, y al que la goma vuelve cuando no se ejerce una fuerza constante sobre ella, están dados por naturaleza (genéticamente, diríamos hoy). Cada ser humano es alumbrado con una determinada capacidad de desarrollo, y es responsabilidad de la educación desplegarla hasta su límite máximo. Y puesto que siempre estamos ante la posibilidad de conducirnos hacia nuestra cota más alta de humanidad o de mantenernos en ella, el proceso educativo no concluye a una edad determinada, sino que es una tarea que dura toda la vida.

Aristóteles entiende que la educación, además, debe ser un asunto público, ya que el ser humano es un ser social, inserto en una comunidad donde el bien común funciona como una fuerza centrípeta que la mantiene trabada. El individuo no puede florecer como ser humano sin la comunidad, y la comunidad no puede subsistir si no educa a sus miembros en la identificación y el respeto hacia el bien común.

Toda educación es necesariamente ideológica en el sentido de que transmite una idea del bien. La educación en valores no compete solo a los padres, puesto que puede darse el caso de progenitores que eduquen a sus hijos en valores contrarios a la existencia de la comunidad. Es por ello por lo que una sociedad democrática debe asumir la responsabilidad de educar a sus jóvenes en los valores sociales necesarios para su supervivencia y actuar en defensa propia contra determinadas ideas del bien, transmitidas por algunas familias, que dinamitan la convivencia. Como afirmó Fernando Savater en cierta ocasión, no habría problema en que unos padres educasen a sus hijos en la idea de que la antropofagia es una variedad gastronómica como otra cualquiera si esos hijos no saliesen nunca de su hogar y en la cocina solo se guisase a los miembros de esa familia. Pero el asunto dejaría de ser privado cuando esos niños saliesen a la calle y pretendieran almorzarse a los demás. Es por esta razón que afirma el estagirita:

> Puesto que el fin de toda ciudad es único, es evidente que necesariamente será una y la misma educación para todos, y que el cuidado por ella ha de ser común y no privado.[2]

La tarea del docente no debe reducirse a la transmisión de conocimientos (cometido que también le compete y por el que ha de ser evaluado), sino que debe aspirar a una misión más noble: hacer brotar en sus alumnos el deseo de ser virtuosos. Por eso habrá que estudiar cómo un hombre se hace bueno:

El ser buena la ciudad ya no es una cuestión de suerte, sino de ciencia y de resolución; y por cierto, buena es una ciudad en cuanto que los ciudadanos que intervienen en su gobierno son buenos, y para nosotros todos los ciudadanos intervienen en el gobierno. Por consiguiente, *habrá que estudiar cómo un hombre se hace bueno,* pues aunque se diera el caso de que todos los ciudadanos en conjunto fueran buenos, pero no individualmente, habrá que dar preferencia a esto, ya que de serlo individualmente se sigue el serlo todos.[3]

¿Con qué fin hacemos lo que hacemos?

Abordemos, por tanto, la investigación aristotélica sobre cómo se le enseña a un hombre a ser virtuoso, y respondamos a algunas de las preguntas que nos planteábamos en la introducción de este libro. En su exploración, Aristóteles se marca como punto de partida un exhaustivo análisis de la acción humana y concluye que todas nuestras acciones persiguen algún tipo de bien. Toda técnica, toda investigación, toda libre elección parecen tender a alguna clase de bien: el fin de la medicina es la salud; el de la arquitectura, el edificio; el de la ciencia económica, la riqueza, y así con todo. El arado se inventó para facilitarnos la siembra; la gastronomía, para hacernos disfrutar más y mejor de la comida, y no parece que haya nadie tan insensato como para perseguir un mal para sí mismo, a sabiendas, claro está. Por tanto, es lógico concluir que el fin de la acción humana y el bien coinciden.

El bien es el objetivo final del ser humano; sin embargo, alguien podría objetar que esto no está nada claro en casos como los del drogadicto o el masoquista. A pesar de que este tipo de ejemplos parecen refutar la idea de Aristóteles, deberíamos observar que una cosa es estar proyectados por naturaleza a perseguir el bien y otra bien distinta poseer un conocimiento de lo que es el bien y de cuál es el mejor medio para alcanzarlo. Así, aunque todos los hombres persiguen el bien, no todos lo entienden de la misma manera[4] (recordemos el caso del niño antropófago). Algunos, como el drogadicto y el masoquista, lo cifran en el placer, otros en las riquezas y el lujo, otros en la fama y la gloria y otros en la conservación de la salud.

Lo cierto es que hay muchos tipos de bienes y que no todos los hombres les dan el mismo valor. Pero también es cierto que los fines que perseguimos son tan solo medios para alcanzar otros a los que estos están supeditados. Alguien, por ejemplo, puede querer bajar su nivel de colesterol en sangre mediante una dieta y la práctica de ejercicio, para con ello estar sano, y estar sano para tener una vida más larga, y tener una vida más larga para poder llevar a cabo determinados proyectos... Y también es igualmente cierto que por muy larga que sea esta cadena, en algún punto debe terminar, tiene que haber un fin último de todas nuestras acciones, o lo que es lo mismo, un bien supremo.

Aristóteles señala que ese sumo bien debe cumplir las siguientes condiciones: primera, debe ser completo, es decir, debe perseguirse por sí mismo y no como medio para alcanzar otro de naturaleza superior; segundo, debe ser autosuficiente, es decir, debe ser un tipo de bien que por sí solo haga la vida deseable y sin carencias, que quien lo posea se sienta pleno, completo y no necesite nada más; y tercero, ha de ser universal, debe ser el bien que nos perfeccione como seres humanos, aquel que pula y optimice al hombre en cuanto hombre. Y ¿cuál es, por tanto, el único bien completo, autosuficiente y universal? La respuesta de Aristóteles es definitiva: la felicidad, el buen vivir y el bien estar.

Tras la felicidad

El análisis de cómo actúa el hombre puso a Aristóteles tras la felicidad, por ser esta el verdadero fin de nuestras acciones y, por tanto, de toda la vida. Pero ¿qué cosa es la felicidad? El estagirita, antes de ofrecernos una definición, responde a la gallega, señalando qué cosa no es la felicidad, y nos dice que no deberíamos identificarla con el descanso, la diversión, el placer, el honor o la riqueza, puesto que ninguno de estos bienes cumple las tres condiciones del bien supremo que hemos visto anteriormente. Entonces ¿dónde buscarla?

Como ya vimos en la introducción, la palabra que Aristóteles usó para felicidad fue *eudaimonía,* que podemos traducir por «florecimiento», y, a diferencia de nuestro tiempo, no la aplicaba a momentos circunstanciales o a instantes fugaces, sino a toda la vida. Estaba convencido de que, al igual que existe un determinado modo de cultivar un manzano para que florezca y dé fruto, debe existir un determinado modo de vida que permita a cualquier hombre desarrollar plenamente su naturaleza. Aristóteles entendió que la respuesta a la pregunta cómo debo vivir es cultivando la virtud hasta lograr nuestro máximo desarrollo como seres humanos, hasta alcanzar nuestra *eudaimonía.*

Tener una noción clara y cierta de lo que es la felicidad nos coloca ya en el camino para llegar a ella, y esta es la razón por la cual el filósofo compara al hombre que posee una idea acertada de la *eudaimonía* con un arquero que, después de localizar el blanco, se encuentra ya en condiciones de abatirlo;[5] y de este modo el estagirita, mediante la siguiente deducción,[6] nos ofrece una definición de felicidad hacia la que tensar nuestras existencias:

1. Todo ser posee una función específica a su naturaleza. Los ojos sirven para ver, el cometido del pájaro es volar y el del zapatero es fabricar calzado; la fotosíntesis es una actividad propia de las plantas, como aprobar normas lo es del legislador.
2. Cuando un ser realiza plenamente su función específica lo consideramos bueno en su especie.
3. El ser humano ha de tener una función específica.
4. Aquel hombre que desempeñe correctamente la función específica del ser humano debe ser considerado un hombre bueno.
5. La función específica del ser humano no puede ser ninguna de las que comparte con otros seres, como la nutrición y el crecimiento, que comparte con las plantas, o la vida sensitiva, que comparte con los animales.
6. La razón es la función propia del ser humano que lo distingue del resto de los seres.
7. El hombre que ejercita adecuadamente su razón es un buen hombre y, por tanto, la dignidad de la vida humana reside en el uso de la razón.
8. Con lo cual podemos concluir que la felicidad, entendida como florecimiento, es *una actividad que perfecciona nuestra naturaleza de seres racionales.*

Cómo ser razonablemente feliz

Lo propio del hombre, lo que lo dignifica del resto de los seres vivos, es la capacidad para razonar su acción. Como muy bien explica Anthony Kenny, «[el animal] puesto que carece de lenguaje, no puede manifestar una razón; solo aquellos seres que pueden ofrecer razones pueden actuar movidos por razones. El ser humano es un animal racional, que ofrece razones; el gato y el perro no lo son y, por lo tanto, no pueden actuar por una razón».[7]

Según la psicología aristotélica, son dos las partes del alma humana capaces de manifestar racionalidad: la parte cognoscitiva, la razón propiamente dicha, cuya función principal es el conocimiento, y la parte irracional, en donde residen las pasiones y los apetitos, que, aunque irreflexiva, puede llegar a exhibir racionalidad cuando está gobernada por la razón. Esta parte apetitiva de nuestra alma puede someterse o no a lo que la razón le indica, y aunque nuestra voluntad tiende siempre al bien, en muchos casos el bien sensible no coincide con el bien inteligible. Es fácil comprobar cómo, a veces, lo que quiere el apetito entra en contradicción con lo que quiere la razón, como en el caso del pobre Leoncio[8] que Platón recogía en su *República*, o como las veces en las que, arrastrados por el placer, ingerimos más de lo que la razón determina como saludable.

El hombre bueno para Aristóteles es un ser capaz de conocer y capaz de apetecer racionalmente. Y puesto que son dos las partes del alma humana, han de ser también dos las virtudes propias del hombre: unas dianoéticas o intelectuales, como la sabiduría y la prudencia, que perfeccionan nuestra inteligencia, y otras morales, como el valor o la generosidad, que mejoran nuestro carácter. Como los campos de desarrollo de un ser humano son múltiples, la persona virtuosa no es aquella que ha alcanzado un perfeccionamiento en un determinado campo, sino la que integra y armoniza todas las virtudes propiamente humanas. Insistimos: es aquella que ha conseguido florecer como hombre.

Aristóteles tiene claro que la felicidad ni es un regalo de los dioses, ni causa de la buena fortuna, sino que se obtiene por medio de un correcto aprendizaje de la virtud y de un constante ejercicio.

La virtud, meollo de la felicidad, es todo aquello que perfecciona nuestra naturaleza, es la causa de que cumplamos óptimamente nuestras funciones, y por eso nos transforma en buenos hombres. Pero la virtud no es innata; nacemos humanos, pero no nacemos humanos virtuosos. Llegamos a este mundo como la semilla, con la capacidad natural para hacerla brotar, prosperar y alcanzar la floración. Así que debemos preguntarnos: ¿cómo se despliegan las virtudes en un alma? La respuesta de Aristóteles es: las intelectuales, mediante el estudio, y las éticas, a través de los buenos hábitos.

El hábito sí hace al monje

Detengámonos un momento en las virtudes morales, aquellas que causan que el alma se incline hacia el objeto bueno y se aparte del malo. La virtud ética propicia que la facultad apetitiva quiera lo que la razón determina como bueno y, además, que lo realice con espontaneidad. La virtud moral implica a la cabeza y al corazón; en ella se combinan el juicio racional, el correcto deseo y la adecuada emoción.

La virtud moral es una tendencia, una propensión o una costumbre a sentir y a actuar de manera excelente. Pero no es un hábito irreflexivo[9] como el del que toca la bocina cuando, en un atasco de tráfico, la impaciencia le asalta, actuando bajo un determinado patrón de conducta; o como la querencia que los aficionados taurinos señalan en la psicología del animal, ese lugar del coso al que el toro tiende a ir de manera natural o accidental. La virtud moral es un hábito reflexivo, ya que para llegar a ser virtuoso se debe juzgar cuál es la respuesta correcta para los diversos escenarios y situaciones con los que nos vamos topando en la vida.

Bajo la virtud, la voluntad queda iluminada por el entendimiento, dispone de la fuerza necesaria para encauzar las pasiones y se manifiesta en una conducta excelente. La generosidad de una persona se nos revela en su acción. En una situación concreta, en la que la generalidad con la que nos hablan las normas no esclarece cuál es la conducta adecuada, el hombre virtuoso distingue la acción generosa de la tacañería del que no gasta lo que debe y de la prodigalidad del que despilfarra sin sentido; y al estar habituado a ello, la ejecuta con la misma naturalidad con la que un pianista experto interpreta una pieza mil veces ensayada o con la que cualquiera de nosotros monta en bicicleta.

Aristóteles insiste en la relación que mantienen la virtud ética y el hábito. La virtud, a diferencia de las cualidades heredadas de nuestro carácter, nace como fruto de una acción constante. Por tanto, la enseñanza de la virtud debe hacerse con la misma metodología con la que se transmite un arte: a través de la acción. La generosidad, la valentía o la justicia pueden alcanzarse siguiendo los mismos pasos con los que dominamos una determinada técnica: a través de la práctica constante.

Aristóteles compara la formación de los buenos hábitos con el aprendizaje de un instrumento musical, y concluye que la educación moral debe ser prioritaria e iniciarse cuanto antes para evitar que nuestros jóvenes desarrollen vicios que, *a posteriori*, costará mucho corregir, porque el vicio, como la virtud, también es un hábito que, a fuerza de repetición, se arraiga en la personalidad.

Para que un niño llegue a dominar el piano, hay que forzarle a que ensaye con perseverancia y, poco a poco, enmendar sus deficiencias; de igual manera, si queremos que llegue a ser valiente, se le debe exponer a situaciones de peligro y habituarle a sentir confianza. Con la sobreprotección solo forjamos personas cobardes e imprudentes. No podemos esperar que alguien que toca la guitarra por vez primera interprete majestuosamente el *Concierto de Aranjuez*, ni tampoco deberíamos pedir a nuestros jóvenes que sean moderados y cordiales si nadie los instruye en la templanza y la amabilidad. También para Aristóteles, la autodisciplina solo se alcanza con una disciplina exterior. No basta con conocer lo que es la virtud, hay practicarla.

La tarea del educador no debe reducirse a la formación intelectual, sino que debe crear buenos hábitos en sus alumnos, predisponerlos a obrar bien generando el deseo de actuar conforme a la virtud. Nuestro modelo actual de educación peca de ingenuidad al pensar que el conocimiento de la definición de «democracia», y de los valores que esta lleva aparejados, convierte inmediatamente a nuestros jóvenes en ciudadanos ejemplares capaces de identificar el bien común. Nadie nace con las habilidades para ser ciudadano, eso es algo que se aprende con esfuerzo y ejercicio. Nadie delibera, discierne, juzga, dialoga, negocia, consensúa y argumenta de forma espontánea, sino tras un aprendizaje similar al del tenista, el músico o el cocinero. ¿Alguien imagina poder tocar el piano aprendiendo únicamente a identificar las partes del instrumento o su historia?

En el medio está la virtud, pero ¿dónde está ese medio?

Si la virtud moral se origina como consecuencia de la acción, y en toda acción humana se pueden distinguir un exceso, un defecto y un término medio, Aristóteles iguala la excelencia a la conducta moderada. Para el estagirita, la virtud ética es un hábito electivo que consiste en un término medio relativo a nosotros, regulado por la recta razón en la forma en la que lo regularía un hombre verdaderamente prudente. Es un medio entre dos vicios, uno por exceso y otro por defecto, y también por no alcanzar, en un caso, y sobrepasar en otro, lo necesario en las pasiones y acciones, mientras que la virtud encuentra y elige el término medio. Por eso, de acuerdo con su entidad y con la definición que establece su esencia, la virtud es un término medio, pero con respecto a lo mejor y al bien, es un extremo.[10]

Lo que diferencia a la virtud del vicio es que la primera nos sitúa siempre en un término medio que atempera tanto nuestras acciones como nuestros sentimientos, y el segundo, o bien los desata, o bien los aniquila. Así, por ejemplo, la valentía ajusta nuestro sentimiento de miedo ante un peligro. El miedo es un sentimiento adaptativo, un mecanismo de supervivencia que permite responder con rapidez frente a una situación adversa. El miedo, como cualquier otra emoción, admite una diversidad de grados: terror, temor, pavor, pánico, angustia, espanto, horror, alarma, susto, sobresalto, recelo, aprensión, desconfianza, canguelo, turbación, sorpresa, asombro, desasosiego, ansiedad, fobia, cobardía, etc. En cualquier gradación que podamos hacer, nos moveremos siempre entre dos extremos: el de la ausencia absoluta del temerario y el del exceso desmedido e incontrolado del cobarde. ¿Cuánto miedo, exactamente, ha de sentir un hombre virtuoso ante cada amenaza diferente? ¿Cuál es la cantidad justa de miedo que deberíamos sentir al contraer una determinada enfermedad, ante la muerte, al incorporarnos a una autopista con nuestro coche, ante la realización de un examen o ante una exposición oral? La carencia de miedo hará que el temerario se incorpore a la autopista sin mirar si el carril izquierdo está ocupado por otro vehículo o va a estarlo pronto; por su parte, el excedente de miedo que sufre el cobarde y su incapacidad para dominarlo lo convertirá en un aprensivo hipocondríaco ante la más nimia enfermedad. La valentía no consiste en reprimir el miedo, sino en mantenerlo dentro de los límites dictados por la razón. La valentía nace de la reflexión sobre el miedo.

Cada una de las virtudes examinadas por Aristóteles modera racionalmente un sentimiento o un apetito: cuando se trata de dar o recibir dinero, el término medio es la generosidad, y si se trata de placeres y dolores, el término medio es la templanza. Y así, en su examen, Aristóteles identifica la emoción exacta o el justo deseo que modera nuestra conducta.

El estagirita no propone una ascética de supresión de las pasiones; no desea hacer del hombre un ser insensible, sino un ser libre, capaz de gobernarse a sí mismo. Las emociones, los deseos y los instintos son naturales, forman parte de nuestra alma y no son de suyo ni buenos ni malos, pero se convierten en virtud o en vicio dependiendo de nuestra capacidad para modularlos y para encontrar la justa medida. La virtud no consiste en suprimir emociones como el placer o el dolor, sino en moldearlas dándoles la forma correcta. Debemos aprender a sentir placer de la manera que conviene y en el momento que conviene.

Un hombre virtuoso no es un ser angélico ni una piedra insensible, sino alguien que, por ejemplo, se permite la ira, pero sabiendo exactamente cuándo, con quién y en qué medida. Cualquiera puede enfadarse, eso es algo bien sencillo que no reporta ninguna virtud; sin embargo, enfadarse con la persona adecuada, en el grado exacto, en el momento oportuno, con el propósito justo y del modo correcto, eso, ciertamente, es una excelencia de carácter que se adquiere con el ejercicio. Y para construir un buen carácter debemos tener en cuenta que

> cuando tenemos las pasiones de temor, osadía, apetencia, ira, compasión, y placer y dolor en general, caben el más y el menos, y ninguno de los dos está bien; pero si tenemos estas pasiones cuando es debido, y por aquellas cosas y hacia aquellas personas debidas, y por el motivo de la manera que se debe, entonces hay un término medio y excelente; y en ello radica, precisamente, la virtud.[11]

La propuesta aristotélica de educación emocional consiste en un programa que tiene como objetivo ordenar nuestro alocado mundo interior, esa «loca república alterada» a la que se refería Lope de Vega, para instaurar un gobierno sabio, prudente y razonable de uno mismo sobre sí mismo (*enkrateia*).

Las emociones por sí solas no tienen la facultad de autoordenarse; son como un torrente de agua, con gran capacidad de erosión pero con posibilidad de que la ingeniería lo canalice. Por este motivo, toda educación emocional debe forjar un principio no emocional que las oriente hacia el bien. La emoción no tiene que ser extirpada, pero sí conceptualizada; de lo contrario, caeremos en un emotivismo naíf que convierte la intensidad del sentimiento en criterio moral: algo es bueno porque me conmueve y malo porque me ofende. Sustituir el esforzado juicio moral por la mera exclamación nos devuelve a la barbarie o al narcisismo infantil.

La tarea docente no debería ser la de enseñar al niño que todo lo que siente o desea tiene valor, sino la de habituarlo a reflexionar sobre sus emociones y a sentir aprecio por los valores que posibilitan la vida en común; no se trata de que el niño se sienta bien en la escuela, sino de que aprenda a sentir bien, beneficiándose a sí mismo y beneficiando a los demás; instruirlo para que sepa distanciarse de sus pulsiones, deseos y apetitos, que los evalúe y encuentre una buena razón para actuar. El niño pequeño, como el animal, encuentra en sus pasiones la razón suficiente de su conducta. El hombre virtuoso sustituye la pregunta «¿Qué es lo que quiero?» por «¿Qué es lo mejor que puedo hacer?».

Además de aprender a contrapesar nuestros sentimientos, la virtud ética exige saber equilibrar nuestras acciones: ¿cuánto tiempo se le ha de dedicar al trabajo y cuánto al ocio?, ¿qué cantidad de dinero hay que ahorrar?, ¿cuánto deporte es conveniente hacer para conservar la salud?, etc. No existe una medida exacta, válida para todos los hombres y para todas las circunstancias. No se come ni se bebe de igual manera en un día de diario que durante una celebración importante; la cantidad recomendable de un fármaco para una determinada persona puede ser insuficiente o excesiva para otra cualquiera. Un buen maestro debe conocer cuánto y cómo exigir a cada uno de sus alumnos para que den lo mejor de sí mismos sin que se frustren ni se desanimen.

Por eso el término medio no debe entenderse como una proporción matemática, como cuando decimos que el centro de una circunferencia es el término medio de su diámetro. La equidistancia ética es diferente en cada persona y en cada circunstancia. Es más, en ocasiones, como es el caso de la valentía, el término medio está más cerca de un extremo que de otro: el valiente se parece más al temerario que al cobarde, o lo que es lo mismo, es peor pecar de gallina que de imprudente.

La virtud no es una pauta de comportamiento universal porque, como advierte Aristóteles, el término medio es relativo a nosotros, y, como hemos visto, lo que para unos puede ser la medida exacta, para otros puede ser perjudicial, por exceso o por defecto. El hombre virtuoso será aquel que posea el conocimiento racional práctico que le permita sopesar las consecuencias de una acción y acertar en la elección.

Del carácter relativo del término medio pueden extraerse dos consecuencias. La primera de ellas es la gran importancia que Aristóteles concede a la prudencia dentro del amplio catálogo de virtudes morales, hasta tal punto que el hombre virtuoso se identifica con el hombre prudente, siendo este el que delibera con rectitud sobre lo que es bueno y conveniente para sí mismo en su crecimiento como ser humano. Para acertar con nuestro término medio, en la deliberación de nuestra conducta deberemos considerar nuestras diferencias individuales y la particularidad del caso, y a través de la experiencia —y de la sabiduría de otros que nos precedieron en esto de vivir como seres humanos— ir forjando el hábito de actuar correctamente. La segunda consecuencia tiene que ver con la educación moral: la enseñanza de la virtud debe tomar como referencia las inclinaciones naturales del niño para enderezarlas hacia su dirección opuesta. Si un niño, por naturaleza, tiende a ser egoísta, deberíamos situar su término medio más próximo a la abnegación, su extremo contrario; y si es miedoso y apocado, lo situaremos más cercano a la temeridad que a la cobardía. Se puede moldear el carácter llevando a cabo pequeños pero constantes actos contrarios a lo que sugieren las tendencias naturales que se desea corregir. Así, por ejemplo, cuando se experimente pereza para el trabajo o el estudio, no solo no habrá que dejarlo pasar, cediendo a la tentación, como sugería Oscar Wilde a través de la boca de lord Henry, sino que se procurará alargar un poco el tiempo de dedicación.

Virtudes por catálogo

Expondremos ahora el catálogo de las principales virtudes que, según Aristóteles, conducen al desarrollo de nuestra naturaleza y configuran un modelo de hombre que debería ser el objetivo de toda buena educación republicana. Las cuatro primeras (valentía, templanza, magnanimidad y justicia) son éticas, mientras que la quinta (prudencia) es de orden intelectual. No habría que identificar este inventario aristotélico con las cualidades que admiraban los griegos cultos de la época, porque precisamente lo que busca Aristóteles —y lo que deberíamos seguir pretendiendo nosotros— es, superando todo localismo, indagar una guía universal de la plenitud humana.

La valentía

Aristóteles ofrece como paradigma de valentía la que nos muestra el soldado en la batalla, ya que este se enfrenta al peligro más temible, la muerte, y además lo hace por una noble causa: salvar a la comunidad. De este modelo de valentía es importante destacar dos ideas. La primera es que la virtud debe estar al noble servicio del bien común. La segunda es que si la muerte es la más terrible amenaza, el más alto grado de valentía debe ser el que experimenta aquel que, como Aquiles, Sócrates o Martin Luther King, no teme una noble muerte. Una persona así será valiente en toda circunstancia. Aristóteles recalca la dignidad del motivo por el que se le pierde el respeto a la muerte; perder la vida por un desengaño amoroso o por no ser capaz de afrontar una ruina económica o un golpe de mala fortuna no es valentía, sino insensatez o incluso cobardía.

El valiente, ante cada situación de posible peligro, ajusta su corazón entre los polos de la confianza y el miedo, sabe discernir qué males son los realmente temibles y soporta el temor por una causa digna. El valiente sabe que no todos los males deben ser temidos. No es bueno amedrentarse ante aquellos que provienen de un vicio, como el caso de quien tiene pavor a hablar en público por causa de su falta de formación en oratoria y por una baja autoestima. Otros males, en cambio, deben ser temidos por el hombre virtuoso, ya que no hacerlo es vergonzoso. No sobrecogerse ante el deshonor, a vender nuestra integridad, a no poder aguantar la mirada que nos devuelve el espejo de la autoconciencia, nos hace peores personas.

En el valiente es la razón la que determina qué es lo que se debe temer, cómo se debe temer y cuándo se debe temer; es el amor a la virtud el que dota de la confianza para conducirse con dignidad; es por el deseo de realizar acciones virtuosas por lo que se soportan y se encaran los peligros. En las situaciones establecidas por la razón, el valiente actúa noblemente porque es honroso hacerlo así y vergonzoso no hacerlo. No se debe actuar con valentía por obligación, por conveniencia o porque se ame el peligro, sino porque es hermoso; este es el verdadero motivo de la valentía.

Aristóteles establece cinco grados en esta virtud, que van desde la auténtica valentía que acabamos de ver y que podríamos llamar la de *la noble causa,* hasta la mera apariencia de valentía. El segundo grado en dignidad es *el valor político o ciudadano,* que el estagirita considera muy cercano a la auténtica valentía. Se refiere al experimentado por el ciudadano que cumple sus obligaciones y asume responsabilidades comunitarias por temor, pero no al castigo de la ley, sino a la vergüenza de sí mismo. El tercer grado es *el valor de la experiencia.* La veteranía del marino hace que se mantenga sereno y confiado ante la tormenta, un experimentado sanitario de emergencias muestra arrojo en la catástrofe, el dominio de las técnicas de ataque da seguridad en el conflicto, etc. El diestro en un determinado campo sabe que hay muchos temores que son vanos.

En el siguiente grado, la valentía comienza ya a desvirtuarse. Aristóteles remite a la reacción natural, compartida con los animales, que inspira la ira o el dolor; un instinto natural de supervivencia que hace que todo ser viviente se lance ante el peligro para conservarse. Las fieras, cuando son heridas, arremeten contra su agresor, y ante un incendio, cruzan el fuego si es necesario. De igual manera, los hombres actúan con sorprendente arrojo cuando «les hierve la sangre». Pero esto no es propiamente valentía, porque el valiente tan solo actúa movido por la virtud y no por el instinto, por la ira o por la sed de venganza. Tom Joad, el personaje principal de *Las uvas de la ira,* lo expresa de forma bien clara cuando, antes de cruzar el desierto huyendo del hambre y la miseria, afirma: «No se necesita valor para hacer una cosa cuando es lo único que puedes hacer». No hay tampoco virtud en las manos de Clitemnestra cuando, sumida por el dolor del asesinato de su hija, apuñala repetidamente a Agamenón, rey de hombres, de corazón de ciervo y ojos de perro, hijo del belicoso Atreo, domador de caballos, el de vasto poder. En estos casos se actúa movido por la necesidad o la pasión y no por lo que dicta el buen juicio.

Nos queda, por último, tratar la mera apariencia de valentía que realmente no merece llevar este nombre. Nos referimos a la que otorga la atrevida ignorancia, la necia insensatez y la muy venerada estulticia. El borracho que se envalentona lo hace porque el alcohol le adormece el juicio, cree que es el más fuerte y piensa que nada malo le puede pasar; y el valiente, insistimos, solo actúa movido por amor a la virtud. Este sucedáneo de valentía no resiste mucho tiempo y se desploma con la verdad, como les sucedió a los pobres argivos que se envalentonaron al confundir las tropas espartanas que tenían enfrente con las de la ciudad de Sición, pero que en cuanto descubrieron su error cundió el pánico antes de que los espartanos pudieran siquiera llegar a ellos, y huyeron hacia el monte.[12]

La templanza o moderación

Esta virtud atiende a la relación sana y equilibrada que deberíamos mantener con aquellos placeres asociados a nuestra parte más animal y que, como tal, exigen una satisfacción inmediata. Estos son principalmente los que se obtienen a través de la bebida, la comida o las relaciones sexuales, y su insatisfacción causa dolores como el hambre o la sed.

Nada hay de malo en disfrutar de ellos, el vicio solo reside en la pérdida de la capacidad de autodominio sobre nuestro cuerpo, mientras que la virtud, en este campo, consiste en domesticar el instinto bajo la regla del justo medio. Llenar el estómago más allá de lo equilibrado y lo sano rebaja nuestra condición humana e implica una merma en nuestra dignidad. Abandonarse a los impulsos nos convierte en siervos en lugar de en amos. El objetivo es ir acercándonos a la mesura y la independencia con las que el hombre sabio disfruta del placer.

El hombre moderado no solo refleja su virtud en el goce racional de los placeres del gusto y el tacto —en los que el exceso es siempre un vicio y nuestra conducta no se diferencia en nada sustancial de la animal—, sino sobre todo en el cultivo de los placeres asociados a la vista, al olfato y al oído, por ser estos puramente humanos y no causar ningún tipo de daño si se disfrutan en demasía. Deleitarse con la belleza de una melodía, con la contemplación de una obra de arte o con el aroma de un perfume ahuyenta nuestra bestia interior y nos dignifica. No hay vicio posible en el melómano, en el bibliófilo o en el cinéfilo, sino una sensibilidad educada para captar y saborear la belleza, aunque esta solo resida en el espíritu que la contempla.

La magnanimidad

No es una virtud más; más bien, como señala el propio Aristóteles, se trata de la corona o el ornato de la *areté*, ya que el hombre magnánimo, al reunir todas las virtudes, posee un espíritu que descolla y que nos sirve a los demás como modelo en el que inspirarnos. El que goza de magnanimidad se encuentra en el justo medio entre el pusilánime, que no se respeta ni se valora, y el vanidoso, que tiene una imagen aparente, ficticia y fantasiosa de sí mismo. La magnanimidad viene a ser también una correcta autoestima y respeto hacia uno mismo. El magnánimo se siente y es digno de grandes cosas, y por eso solo él debería merecer nuestro honor.

En la descripción de esta virtud, Aristóteles esboza un minucioso retrato de su arquetipo de hombre. En todo momento busca que sus acciones sean hermosas. Ama lo bello e inútil. Es un hombre de honor, íntegro. Afronta peligros cuando es necesario y no regatea con su vida porque sabe que no es digno vivir de cualquier manera. No se lamenta, no calumnia y no chismorrea. Habla y actúa siempre con franqueza. Se preocupa más de la verdad que de la reputación. No es impulsivo, sino reflexivo, moderado en el placer, la riqueza y el poder. Es generoso y siempre está dispuesto a servir a los demás. Es espléndido en sus desembolsos, gasta siempre en beneficio de la comunidad y la sustenta económicamente. Sus gastos son grandes y adecuados: ni es un derrochador ni un cicatero, gasta lo que es debido y como es debido en obras hermosas. No se somete a la voluntad de otro. Ni admira a nadie, ni tiene rencor a nadie. El hombre magnánimo se debe a un ideal. La causa de su grandeza está en la altura de los fines que persigue. El motivo que le impulsa a obrar no es el temor al castigo o la esperanza de una recompensa, sino el amor a la virtud y un respeto a la obra de arte que es su propia existencia.

Justicia

Afirma Aristóteles que si bien es cierto que el ser humano, cuando alcanza su perfección, es el mejor de los animales, así también, fuera de la ley y la justicia, es el peor de todos. La justicia es la virtud social por excelencia, ya que es la única de las excelencias que tiene como referencia el bien ajeno y que genera armonía en nuestra relación con los demás. Su ausencia degenera la vida humana y nos expulsa hacia un territorio hostil, brutal y cruel.

En el análisis de esta virtud, señala Aristóteles dos sentidos en los que puede entenderse la justicia: como *lo legal* (todo aquello que es conforme a la ley)[13] y como *equidad* (todo aquello que impide la generación de desigualdades no justificadas). Mientras la primera trata de las relaciones del individuo con la comunidad, es decir, del bien común, ya que «las leyes hablan de todas las cosas y tratan de realizar lo que conviene a todos»,[14] la segunda se ocupa de las relaciones entre individuos. Así, el que defrauda comete injusticia contra la comunidad, mientras que el que estafa lo hace contra un vecino. Es por ello por lo que Aristóteles denomina al primer tipo de justicia «universal» y al segundo, «particular».

A su vez, el estagirita distingue dos tipos de justicia particular: la «justicia distributiva» y la «justicia correctiva». La primera consiste en dar a cada uno lo que merece siguiendo la proporción adecuada, como ocurre en el reparto de dividendos entre los socios de una compañía cuando se toma como regla el porcentaje de sus acciones. La segunda exige tratar con desigualdad a los desiguales y con igualdad a los iguales.

La justicia correctiva se da en las relaciones entre hombres, y en ella no ha de primar el castigo, sino la reparación. A diferencia de la distributiva, exige tratar equitativamente a todos los hombres. Así, por ejemplo, cuando se juzga un robo, el juez no debe tener en cuenta los méritos de la persona que lo ha cometido, sino que debe reparar el daño para que el orden se restablezca. La justicia correctiva también regula las relaciones voluntarias entre hombres como ventas, préstamos o contratos, y exige que estas sean recíprocas, es decir, que cada uno obtenga el equivalente de lo que da, porque la reciprocidad es el fundamento de la cohesión social.

Es interesante resaltar que Aristóteles identifica como causa de la injusticia particular la *pleonexía*, el impulso a querer tener más de lo debido y de lo necesario, esa sed que nada sacia y que se asemeja a la codicia. La *pleonexía* es la responsable de las desigualdades que impiden un orden justo y que desencadena los conflictos sociales. Por lo tanto, educar al hombre en la justicia exige habituarlo a domar esta pasión instalada en las entrañas de nuestra condición humana.

Recapitulando, la justicia particular es una virtud ética cuya función es contener la *pleonexía,* mientras que la justicia universal tiene como objetivo determinar el bien común. Ambas son condición necesaria para construir una vida en común que promueva y facilite nuestro pleno desarrollo como seres humanos.

Prudencia

El hombre virtuoso, además de moderar sus apetitos rehuyendo del exceso y el defecto, debe ser capaz de sopesar las circunstancias y discernir la acción que mejor se ajusta a cada caso. No solo basta con tener un buen carácter, también hace falta saber obrar bien. A un buen profesor, por ejemplo, no le basta con lograr templar su ánimo ante las situaciones de estrés que pueden darse en el aula, sino que además ha de saber qué es lo que debe hacer en cada contexto, y con cada uno de sus diferentes alumnos, para que se dé un aprendizaje eficaz. De igual manera, para tener tanto una buena economía doméstica como una sana relación con el dinero, no es suficiente con poseer un dominio sobre el impacto de la publicidad y el *marketing* en nuestro consumo, también es preciso contar con la pericia para conocer cuándo, cómo, dónde y en qué gastar. Por ello, la virtud moral siempre ha de ir acompañada por un tipo de conocimiento práctico. La prudencia es saber hacer lo correcto en cada caso, una virtud de naturaleza intelectual que completa a la virtud ética. No solo hay que desear hacer el bien, sino saber cómo hacerlo.

Pero ¿cuál es la acción adecuada? Aquella que conduzca en mejor medida al desarrollo de nuestra naturaleza, la que potencie nuestra progresión hacia la plenitud, la que, en definitiva, nos ayude a florecer como seres humanos. Y es por esto por lo que el prudente, además de saber cuáles son los medios más adecuados, también debe conocer los verdaderos fines de la vida humana. La prudencia de la que hablamos no es el buen juicio del médico, que sabe qué es la salud y cuáles son los medios para conservarla, o la del economista, que conoce dónde y cuándo invertir, sino la que poseyeron hombres como Sócrates: un conocimiento de la *eudaimonía*, de los auténticos fines de la vida, de los verdaderos bienes, de lo que es valioso y bueno de verdad para el hombre; una sabiduría práctica que nos ilumine sobre cuál es el objetivo de vivir y cómo lograrlo.

Y ¿cómo se adquiere la prudencia? Aristóteles advierte que este conocimiento no se puede aprehender a partir de unos principios universales, ya que la vida está plagada de matices que jamás podrían quedar recogidos en una norma. En todo caso, advierte el filósofo, aunque las normas son necesarias y nos ayudan a orientar la conducta, debemos saber adaptar las leyes a cada situación, como hacían los arquitectos de Lesbos cuando usaban reglas dúctiles de plomo que se ajustaban a la forma de la piedra para así encontrar otra que encajara a la perfección con aquella.[15] Que nadie espere encontrar un manual de prudencia en el que leer cuál es la acción correcta que debe elegir para unas circunstancias que, cómo señalaba Ortega, son solo mías. Todo el cúmulo de situaciones que estoy obligado a tener en cuenta a la hora de tomar una decisión, y que son parte esencial de mi vida, afortunadamente no pueden quedar subsumidas en una pauta general de conducta.

A ser prudente se aprende viviendo y examinando la vida, desarrollando una sensibilidad para captar contextos y escuchando a todos aquellos que nos han precedido: a nuestros mayores, a los experimentados y a los que ya son prudentes, «pues la experiencia les ha dado vista, y por eso ven rectamente».[16]

Epílogo

La vieja escuela

En 1913, la ciudad de Nueva York era un semillero de reforma educativa. Los señores de la alta sociedad y los magnates de la industria, especialmente John D. Rockefeller, instaron al joven y ambicioso alcalde a poner en marcha un plan para revolucionar la educación. Su proyecto era cambiar la «vieja escuela» por esa «nueva escuela» de la que hablábamos al comenzar este libro, nacida de la filosofía de John Dewey y promovida por Elbert H. Gary, presidente de la United States Steel. La propia Fundación Rockefeller reconocía que le interesaba mucho meter las manos en la educación pública porque «en nuestros sueños, las personas se entregan con perfecta docilidad a nuestras manos moldeadoras».[1]

El alcalde, un hombre amable pero sin carácter ni principios, impulsado por una «pasión progresista por la eficiencia empresarial»,[2] implantó rápidamente el Plan Gary para que la escuela pública por fin atendiese las «demandas prácticas de la industria, aplicara los ideales democráticos y supusiera un gasto asumible para la ciudad».

Todo hay que decirlo, la nueva escuela no tiene nada de novedosa, ya que viene a recuperar lo que la Antigüedad denominaba «artes serviles». Los siervos recibían una educación que les capacitaba para producir bienes de consumo mediante procedimientos manuales estandarizados. Los hombres libres, en cambio, recibían una educación en «artes liberales» que producía virtud y belleza mediante el cultivo intelectual. En la Edad Media, las artes serviles, en contraposición a las siete artes liberales, fueron clasificadas también en siete: *ars victuaria*, para alimentar a la gente; *lanificaria*, para vestirles; *architectura*, para procurarles una casa; *suffragatoria*, para darles medios de transporte; *medicinaria*, que les curaba; *negotiatoria*, para el comercio, y *militaria*, para defenderse. Si en las liberales se trataba de saber, en las serviles se trataba de saber hacer (para otro). Si la educación liberal busca cultivar el alma del ser humano mediante el conocimiento, la forja del carácter y el estímulo intelectual, la servil busca desarrollar en el vulgo la capacidad de hacer cosas mediante la repetición constante. Si la aplicación del conocimiento libre es la perfección del propio ser humano, la del conocimiento servil es la mejora de un objeto. De tal manera que un siervo puede ser un productor competente de algún tipo de mercancía y, a la vez, un ser humano y un ciudadano incompetente. Es más, cuanto menos sepa pensar un siervo, más rápido y mejor producirá. El trabajador que no ha forjado su espíritu mediante el estudio de la historia, la filosofía, el arte o la ciencia quizá alcance la suficiente ceguera intelectual para no descubrir que sus acciones persiguen los fines dictados por otro.

El rechazo de los griegos a las artes serviles tiene que ver con el hecho de que entendieron que el ser humano no ha nacido para existir sin más, como le ocurre a una piedra, o para sobrevivir, como lo hace el animal, sino para descubrir el meollo de la existencia y extraerle todo su jugo. Una vida dedicada a las artes serviles es una vida degradada a la mera supervivencia, y un conocimiento que solo busca la aplicación práctica es propio de mercenarios.

Pero volvamos al alcalde de Nueva York y al adanismo de su Plan Gary. Sus promesas de construir una escuela adaptada a los nuevos tiempos que sería la panacea contagiaron a la prensa progresista, a las asociaciones de padres y a las más altas instituciones pedagógicas. Cegados por los cantos de sirena de la novedad, estaban dispuestos a comenzar una transformación que echaría por tierra una tradición educativa milenaria y que dejaría a la virtud por los suelos, olvidada en un mosaico de una iglesia italiana.

Bajo el mantra de la eficiencia, los niños fueron despojados de la alta cultura e instruidos en capacitación industrial. Se eliminaron los libros de texto, las asignaturas y el aprendizaje memorístico. Se apostó por una educación experiencial, basada en proyectos en los que el alumno pasaba a ser el centro de su proceso de aprendizaje. Se trataba de dejar atrás el tedioso estudio para adquirir conocimientos por uno mismo a través de experiencias novedosas. Para ello había que organizar la escuela como un taller o un laboratorio en el que cada alumno pudiese desarrollar sus propios intereses. El profesor ya no era un maestro poseedor de un saber que el alumno debía recibir, sino un diseñador de experiencias educativas, métodos y seleccionador de materiales que motivasen al alumno y despertasen su curiosidad. La escuela debía ser una preparación para la democracia, para lo cual era preciso eliminar toda forma de autoridad. Se fusionó juego y aprendizaje porque no hay nada más motivador que la diversión que provoca lo lúdico y nada que genere más desinterés que el trabajo esforzado. De tal manera que la clase debía convertirse en una ludoteca en la que el niño aprendiese jugando, experimentando y disfrutando.

Sin embargo, no todos estaban tan seducidos por este proyecto. Un grupo de niños de los barrios obreros de la ciudad sospechaban que esa nueva pedagogía era un pretexto para reducir la inversión en educación que terminaría destruyendo el ascensor social. Sus familias habían emigrado de Europa huyendo de la pobreza y no estaban dispuestos a que se les arrebatase la única oportunidad de mejorar sus vidas. La conciencia crítica de estos jóvenes hizo que se negaran a entrar en esa nueva escuela que tanta importancia daba al trabajo manual y reivindicasen la vieja escuela centrada en el trabajo intelectual. Querían ser ciudadanos libres y no propiedad de la Fundación Rockefeller.

El 16 de octubre de 1917, un grupo de niños se negaron a entrar en su escuela, recientemente «modernizada». La policía reprimió la protesta y los obligó a entrar en el edificio, pero el motín se reanudó dentro de la escuela. El ambiente se caldeó y a la insumisión se fueron sumando más de diez mil chavales que no alcanzaban los quince años gritando al unísono «¡Queremos una escuela que nos enseñe!». Aquellos valientes alumnos estaban atacando un sistema educativo que no solo los trataba a todos iguales, promoviendo una ficticia igualdad de resultados, sino que les condenaba a vivir iguales.

Frank Stern y Jennie Baumgartner fueron detenidos por participar en aquellos disturbios. Reclamaban que se elevara el nivel de exigencia de su escuela; creían que «aprender a jugar» no desarrollaría sus capacidades y los condenaría a una vida de servidumbre en alguno de los talleres de Rockefeller. No habían leído a Hesíodo, pero estaban convencidos de que el camino a la mediocridad es llano, corto y agradable, y que, en cambio, el camino a la virtud es un sendero largo, áspero y empinado, pero cuando se llega a la cima, todo resulta fácil por duro que sea. Frank y Jennie de alguna manera sabían que delante de la virtud los dioses inmortales colocaron el sudor y que el esfuerzo académico era lo único que les permitiría crecer como personas y salir de la situación de pobreza en la que se encontraban.

Cuando seis oficiales de la policía de Nueva York fueron a detenerlos, Frank y Jennie se encaramaron a un poste de la luz e invocaron la primera enmienda de la Constitución de Estados Unidos que protege su derecho a la libertad de expresión sin interferencia del gobierno. Frank y Jennie tenían nueve años, pero en el agudo timbre de sus voces resonaba más virtud que en las graves palabras de los políticos y empresarios que querían mercantilizar su escuela y ponerla al servicio de sus intereses personales.

Ojalá nuestros jóvenes tomen como ejemplo a Frank y a Jennie y tiren piedras a los cristales de una escuela en la que ya no tienen cabida Homero, Hesíodo, Sócrates, Platón o Aristóteles porque su lectura es difícil y exige un sobreesfuerzo que no compensa. ¿Qué valor tienen sus conocimientos inútiles en una sociedad que ha reducido lo valioso a lo útil y lo útil a lo que aumenta el beneficio económico del sistema productivo? Poco y mal pueden estos envejecidos textos enseñarnos cómo trabajar, porque la vieja escuela no estaba preocupada en enseñar a trabajar, sino en educar la virtud.

Homero no educaba las manos del esclavo, sino el corazón del hombre libre. En su proyecto pedagógico, estética y ética se funden para crear un arte que tiene el extraordinario poder de conmocionar, provocar la conversión total de la persona y guiarla hacia la senda de la virtud. Las historias de sus héroes, prototipos universales, construyen la forma más elevada de humanidad. Y, precisamente por eso, Homero no solo ha sido el educador de Grecia, sino que hoy en día sigue siendo el maestro de la humanidad entera, mientras queden seres humanos poblando este minúsculo punto del cosmos. Nadie como Homero ha conocido nuestras entrañas, las más altas aspiraciones de nuestro corazón y los dolores más amargos de nuestra alma. Ningún *Homo sapiens* ha tenido una visión más noble de la existencia y ha sabido con tanta claridad qué es lo que nos mueve y nos une.

Aunque la nueva escuela haya suspendido de empleo y sueldo a Homero, mientras haya algún joven que sepa leer su griego, no se apagará en nosotros ese fuego que nos impulsa a amar todo lo noble, digno y elevado que hay en el mundo.

Notas

Introducción: La virtud por los suelos

1. «Siena desvela los mosaicos de su catedral», en *El País*, <https://elpais.com/cultura/2012/09/04/album/1346770921_278848.html#foto_gal_1>.

2. *Ibid.*

3. Gregorio Luri, *La escuela no es un parque de atracciones: una defensa del conocimiento poderoso*, Barcelona, Ariel, 2020, pp. 59-68.

4. *Ibid.*, p. 62.

5. Alasdair MacIntyre, *Tras la virtud*, Barcelona, Crítica, 1984, p. 161.

6. Michel de Montaigne, «Vanas sutilezas», en *Los ensayos*, Libro I, LIV, Barcelona, Acantilado, 2007, p. 449.

7. Dante Alighieri, *La divina comedia*, Buenos Aires, Centro Cultural Latium, 1922, p. 153, disponible en: <https://www.cervantesvirtual.com/obra/la-divina-comedia-2/>.

1. ¡Busco a un hombre!

1. Marco Aurelio, *Meditaciones*, VII, 61, Madrid, Biblioteca Clásica Gredos, 1977, p. 141.

2. Heródoto, *Historia*, VIII, 26, Madrid, Cátedra, 1999, p. 789.

3. Jenofonte, *Banquete*, I, 9-10, Madrid, Biblioteca Clásica Gredos, 1993, p. 309.

4. Platón, *La República*, 332c, Madrid, Biblioteca Clásica Gredos, 2020, p. 65.

5. Hannah Arendt, *¿Qué es la política?*, Barcelona, Paidós, 1997, p. 110.

6. Séneca, *Epístolas morales a Lucilio*, Libro VIII, epístola 71, 3, Madrid, Biblioteca Clásica Gredos, 1986, p. 405.

7. Estrabón, *Geografía*, Libro XIV, Madrid, Biblioteca Clásica Gredos, 2003, pp. 491-492.

8. Plutarco, «Vida de Demetrio», IX, 9. A, en *Vidas paralelas*, VII, Madrid, Biblioteca Clásica Gredos, 2009, p. 53.

9. Victoria Camps, *Virtudes públicas: por una ética pública, optimista y feminista*, Barcelona, Arpa, 2019, p. 116.

10. *Ibid.*, p. 123.

11. Adam Smith, *Teoría de los sentimientos morales*, II, 3, Madrid, Alianza Editorial, 2013, p. 141.

12. Zygmunt Bauman, *Vida de consumo*, Madrid, Fondo de Cultura Económica de España, 2007, p. 26.

13. Hannah Arendt, «La crisis de la educación», en *Entre el pasado y el futuro: ocho ejercicios sobre reflexión política*, Barcelona, Península, 1996, p. 294.

14. *Ibid.*, p. 280.

2. Homero: virtuoso se nace

1. Homero, *Ilíada*, canto XX, 200-205, 241-242, Madrid, Alianza Editorial, 2019, pp. 577-579.

2. La relación entre Aquiles y su maestro Fénix la describe Homero extraordinariamente en el canto IX de la *Ilíada* (vv. 443 y ss.).

3. Aristóteles, *Ética a Nicómaco*, 1095b 26, Biblioteca Clásica Gredos, Madrid, 2014, p. 27.

4. Eric A. Havelock, *Prefacio a Platón,* Madrid, Antonio Machado Libros, 2002, p. 41.

5. Havelock observa bien que Homero acude con frecuencia a la fórmula «como corresponde», que es tan descriptiva como prescriptiva. Havelock, *op. cit.*, p. 86.

3. Hesíodo: virtud y sudor

1. Martin Heidegger, «El origen de la obra de arte», en *Arte y poesía,* México D. F., Fondo de Cultura Económica, 2006, p. 53.

2. Hesíodo, *Los trabajos y los días,* 294-299, Barcelona, Biblioteca Clásica Gredos, 2021, p. 177.

3. Hesíodo, *op. cit.*, 264-265, p. 175.

4. *Ibid.*, 15-42, pp. 162-164.

5. *Ibid.*, p. 178.

6. Cicerón, *Sobre los deberes,* Madrid, Alianza Editorial, 2015.

7. Con el término *ethos,* del griego ἦθος, *êthos* («carácter»), de donde viene *ética,* nos referimos a una determinada manera de ser, de pensar, de sentir y de actuar que configura el carácter propio o la identidad de un individuo o de una comunidad.

8. Luis González Ansorena, «Experiencia estética y *kyūdō*», en *Mirai. Estudios Japoneses,* 2 (2018), pp. 141-151.

9. Kant ejemplifica esta idea con su *reino de fines,* entendiendo por tal reino la unión sistemática de seres racionales mediante leyes comunes. Y dado que las leyes comunes tienen en cuenta las relaciones de los hombres que, a su vez, son fines en sí, lo lógico es que Kant llame al conjunto como reino de los fines. Según Kant, un ser racional puede pertenecer a ese reino de dos modos distintos: como miembro y como soberano. Como miembro, participa del reino de los fines a modo de hacedor de leyes, es decir, como un colegislador. Pero también participa a modo de soberano, ya que, al legislar, su voluntad

no está sometida a nada ni a nadie. Es en este contexto en el que Kant formula el imperativo categórico de la manera siguiente: obra de tal modo como si mediante tus máximas fueras un miembro-legislador en un reino de fines. Del mismo modo que hablamos de un reino de las leyes físicas en la naturaleza, también existiría, aunque como ideal regulador, un reino en el que las leyes obligan a los seres racionales a tratarse como fines y nunca como medios.

10. Tucídides, *Historia de la guerra del Peloponeso,* México D. F., Porrúa, 1998, p. 85.

11. Michael J. Sandel, *La tiranía del mérito: ¿qué ha sido del bien común?*, Barcelona, Debate, 2020, p. 291.

12. *Ibid.*, p. 238.

4. Sócrates: y la virtud se hizo carne de ciudadano

1. Antonio Tovar, *Vida de Sócrates,* Madrid, Alianza Editorial, 1999, p. 394.

2. Claudio Eliano, *Historias diversas,* Libro II, 13, Madrid, Valdemar, 2015.

3. Esta es la primera gran batalla de la Antigüedad de la que nos ha llegado un relato detallado en Tucídides, *Historia de la guerra del Peloponeso,* IV, 76-101, México D. F., Porrúa, 1998.

4. Jenofonte, *Recuerdos de Sócrates,* I, 32-33, Madrid, Biblioteca Clásica Gredos, 1993, pp. 32-33.

5. Platón, *Apología de Sócrates,* 31c-e, Barcelona, Biblioteca Clásica Gredos, 2019, p. 174.

6. Así lo expresa Werner Jaeger, *Paideia: los ideales de la cultura griega,* México, Fondo de Cultura Económica, 2017, p. 411.

7. Platón, *op. cit.*, pp. 171-172.

8. Jaeger, *op. cit.*, p. 412.

9. Platón, *Protágoras,* 313a, tomo I, en *Diálogos,* Barcelona, Biblioteca Clásica Gredos, 2019, p. 518.

10. Jaeger, *op. cit.*, p. 447.

11. Michel Foucault, *Historia de la sexualidad*, tomo 3, capítulo II, Madrid, Siglo XXI, 2019, p. 40 y ss.

12. Apuleyo, *El dios de Sócrates*, en *Obra filosófica*, Madrid, Biblioteca Clásica Gredos, 2011, p. 86.

13. Platón, *Protágoras*, *op. cit.*, p. 214.

14. <https://es.unesco.org/themes/ecm/definicion>.

15. Meta 4.7 de los Objetivos de Desarrollo Sostenible (ODS 4 sobre educación), disponible en: <https://www.un.org/sustainabledevelopment/es/education/>.

16. Platón, *Protágoras*, *op. cit.*, p. 530.

17. Jenofonte, *Anábasis*, I, Madrid, Biblioteca Clásica Gredos, 2006.

18. *Ibid.*, *op. cit.*, VI, p. 99.

19. Platón, *Menón*, 70a, en *Diálogos*, II, Barcelona, Biblioteca Clásica Gredos, 2019, p. 283.

20. Aristóteles, *Tratados de lógica: sobre las refutaciones sofísticas*, 183b 7, Madrid, Biblioteca Clásica Gredos, 1982, p. 380.

21. Platón, *Menón*, *op. cit.*, 77b, p. 294.

22. *Ibid.*, 80a-b, p. 299.

23. *Ibid.*, 84c, p. 309.

24. *Ibid.*, 86c, p. 313.

25. Jenofonte, *Recuerdos de Sócrates*, IV, §6, *op. cit.*

26. Ludwig Wittgenstein, *Tractatus logico-philosophicus*, 6.422, Madrid, Alianza Editorial, 2012, p. 142.

27. Epicteto, *Disertaciones por Arriano*, Libro III, VII, 33-36, Madrid, Biblioteca Clásica Gredos, 1993, p. 287.

28. VV. AA., *La Institución Libre de Enseñanza y Francisco Giner de los Ríos: nuevas perspectivas*, Madrid, Fundación Francisco Giner de los Ríos/Acción Cultural Española, 2014.

29. *Ibid.*

30. Jenofonte, *Recuerdos de Sócrates*, I, §2, 19-24, *op. cit.*

31. Plutarco, *Alcibíades*, I, en *Vidas paralelas*, Madrid, Biblioteca Clásica Gredos, 1985.

32. Pericles fue llamado «el Olímpico» por su imponente

voz y por sus excepcionales dotes de orador, y considerado «el primer ciudadano de Atenas» gracias a la influencia que tuvo en la vida de los atenienses durante todo el periodo en el que gobernó.

33. Jacqueline de Romilly, *Alcibíades o los peligros de la ambición*, Barcelona, Seix Barral, 1996.

34. *Ibid.*, p. 20. En referencia al diálogo *Alcibíades Mayor*, Platón, en *Diálogos, op. cit.*, 105a-c.

35. Platón, *Apología de Sócrates*, 33a-c, *op. cit.*

5. Platón: academia de virtud

1. *Politeía* es un vocablo que hace referencia al tipo de organización política que puede tomar, entre otras, la forma de democracia, oligarquía o monarquía. *Polis* no es exactamente «ciudad», ya que Platón no usa esta palabra para la urbe sino *ásty*. Cuando habla de la polis de Atenas se refiere a su constitución. Por eso, la obra aristotélica *Athenaíon Politeía* es conocida como *Constitución de los atenienses*.

2. La *lampadeforia* era un tipo de carrera de relevos, que formaba parte de algunas festividades en la antigua Grecia, en la que se usaba una antorcha como testigo que se pasaban los corredores. Normalmente se realizaba a pie, pero a veces, como en este caso, también a caballo. El ganador era el primer equipo en pasar la antorcha sobre la línea de meta. Si se apagaba, el equipo perdía la carrera. La competición se llevaba a cabo entre las tribus resultantes de la reforma de Clístenes, político ateniense que introdujo el gobierno democrático en la antigua Atenas. Las tribus participantes, probablemente cinco cada vez, elegían un gimnasiarca, que era el responsable de un gimnasio encargado de reclutar a los corredores.

3. Expresión homérica que hace referencia a la vejez extrema como paso previo de esta vida a la otra. Homero, *Ilíada*, XXIV 487, Madrid, Alianza Editorial, 2019, p. 692.

4. Platón, *La República,* 368d-369b, Madrid, Biblioteca Clásica Gredos, 2020, pp. 120-121.

5. Platón, *op. cit.*, 588, p. 450.

6. Homero, *op. cit.*, XX 174, p. 576.

7. *Ibid.,* VI 326, pp. 220-221.

8. Platón, *Fedro,* 246a y ss., en *Diálogos,* Madrid, Biblioteca Clásica Gredos, 2020, pp. 344-348.

9. *Idem, Leyes,* 716c-d, Madrid, Alianza Editorial, 2014, p. 248.

10. *Idem, La República,* 430e, *op. cit.*, p. 219.

11. *Idem, Leyes,* 711d, *op. cit.*, p. 240.

12. *Idem, La República,* IV 429c-d, *op. cit.*, p. 217.

13. Por recta razón entendemos «lo que la razón humana dictamina de suyo acerca de una acción; es decir, la recta razón es el dictamen obtenido cuando la razón procede correctamente (sin error de razonamiento) según las leyes, los principios y los fines que son propios de la razón moral en cuanto tal, sin interferencias ni presiones de ningún tipo», tomado de Ángel Rodríguez Luño, *Ética general,* Pamplona, Eunsa, 2014, p. 234.

14. Platón, *La República,* 443c, *op. cit.*, p. 240.

15. *Ibid.*, 377a, p. 135.

16. *Ibid.*, 405a, p. 181.

17. Aunque se ha popularizado con esa fórmula, la cita original de Concepción Arenal es esta: «[...] y no se verán las escuelas cerradas y abiertas las cárceles. Abrid aquellas, y estas se cerrarán por sí». Congreso pedagógico de la provincia de Matanzas: Año 1884, Editorial Imprenta y Litografía La Nacional, 1884, p. 127.

18. Platón, *Fedro,* 274b-278e, *op. cit.*, pp. 400-411.

19. *Idem, La República,* 544e, *op. cit.*, p. 380.

20. *Ibid.*, 521a, p. 347.

21. *Ibid.*, 550e-551a, pp. 390-391.

22. *Ibid.*, 563, p. 409.

23. Albert Einstein y Sigmund Freud, *¿Por qué la guerra?,* Barcelona, Minúscula, 2008.

24. Platón, *La República,* 573b-c, *op. cit.*, p. 424.

25. *Ibid.*, 439e-440a, p. 234.

26. Sigmund Freud, *Más allá del principio del placer*, Madrid, Akal, 2020.

27. Gregorio Luri, *La escuela no es un parque de atracciones: una defensa del conocimiento poderoso*, Barcelona, Ariel, 2020, p. 213.

28. *Ibid.*, p. 83.

29. Michel Desmurget, *La fábrica de cretinos digitales: los peligros de las pantallas para nuestros hijos*, Barcelona, Península, 2020.

30. Luri, *op. cit.*, p. 83.

31. Platón, *La República*, 590e, *op. cit.*, p. 454.

32. Marco Aurelio, *Meditaciones*, IX, 29, Madrid, Biblioteca Clásica Gredos, 1977, p. 204.

33. Platón, *La República*, 500, *op. cit.*, p. 319.

34. Diógenes Laercio, *Vida y opiniones de los filósofos ilustres*, IV, 10, Madrid, Alianza Editorial, 2013. pp. 219-220.

35. Xavier Darcos, *La escuela republicana en Francia: obligatoria, gratuita y laica. La escuela de Jules Ferry (1880-1905)*, Zaragoza, Prensas Universitarias de Zaragoza, 2008, p. 19.

36. Louis-René de Caradeuc de La Chalotais, *Essai d'Éducacion nationale*, en *ibid.*, p. 20.

6. Aristóteles: el hombre prudente

1. La imagen es de Roberto Colom y la recojo de Gregorio Luri, *La escuela no es un parque de atracciones: una defensa del conocimiento poderoso*, Barcelona, Ariel, 2020, p. 337.

2. Aristóteles, *Política*, 1337a, Barcelona, Austral, 2011, p. 179.

3. *Ibid.*, p. 291.

4. Aristóteles, *Ética a Nicómaco*, 1095a 17-25, Madrid, Biblioteca Clásica Gredos, 2014, p. 26.

5. *Ibid.*, 1094a 22-24, p. 24.

6. *Ibid.*, 1097b 22-1098a 20, pp. 35-36.

7. Anthony Kenny, *Tomás de Aquino y la mente*, Barcelona, Herder, 2000, p. 82.

8. Platón, *La República*, 439e-440a, Barcelona, Biblioteca Clásica Gredos, 2020, p. 234.

9. Nigel Warburton, *Philosophy: The Basics*, Londres, Routledge, 1995.

10. Aristóteles, *Ética a Nicómaco*, 1106b-35-1107a-5, *op. cit.*, pp. 61-63.

11. *Ibid.*, 1106b 20-25, p. 62.

12. *Ibid.*, 1117a 25, p. 94; Jenofonte, *Helénicas*, IV, 4-10, Madrid, Biblioteca Clásica Gredos, 1994, pp. 145-146.

13. Al hablar de ley, Aristóteles se refiere a todas las normas que regulan las relaciones sociales, no solo el sistema jurídico, sino también de las costumbres y tradiciones de una comunidad. Para el filósofo, la legalidad implica la justicia porque las leyes obligan a comportarse conforme a la virtud y prohíben el vicio, e introducen un orden que hace posible no solo la convivencia, sino también el perfeccionamiento del hombre hacia una vida buena. Las leyes representan el principal medio para formar a los individuos como ciudadanos, y por este motivo el mejor gobierno es el gobierno de las leyes, ya que la única alternativa sería el gobierno de un ser infinitamente sabio y capaz de controlar plenamente sus pasiones, una opción nada realista. Ahora bien, como es cierto que la legalidad vigente puede ser injusta, las leyes justas son solo aquellas susceptibles de ser aceptadas voluntariamente por todos los que se encuentran sometidos a ellas.

14. Aristóteles, *Ética a Nicómaco*, 1129b 14, *op. cit.*, p. 132.

15. *Ibid.*, 1131b 29-31, p. 139.

16. *Ibid.*, 1143b 10-13, p. 177.

Epílogo: La vieja escuela

1. <https://wagingnonviolence.org/2013/07/the-revolution-will-not-be-standardized/>.

2. <https://theobjective.com/elsubjetivo/opinion/2020-10-29/conocimiento-y-poder/>.

Bibliografía

APULEYO, *Obra filosófica*, Madrid, Biblioteca Clásica Gredos, 2011.

ARENDT, Hannah, *Entre el pasado y el futuro: ocho ejercicios sobre reflexión política*, Barcelona, Península, 1996.

—, *¿Qué es la política?*, Barcelona, Paidós, 1997.

ARISTÓTELES, *Ética a Nicómaco*, Madrid, Biblioteca Clásica Gredos, 2014.

—, *Política*, Barcelona, Austral, 2011.

—, *Tratados de lógica: sobre las refutaciones sofísticas*, Madrid, Biblioteca Clásica Gredos, 1982.

BAUMAN, Zygmunt, *Vida de consumo*, Madrid, Fondo de Cultura Económica de España, 2007.

CAMPS, Victoria, *Virtudes públicas: por una ética pública, optimista y feminista*, Barcelona, Arpa, 2019.

—, *Modernidad líquida*, Madrid, Fondo de Cultura Económica de España, 2016.

CICERÓN, *Sobre la vejez*, Madrid, Alianza Editorial, 2013.

—, *Sobre los deberes*, Madrid, Alianza Editorial, 2015.

CLAUDIO ELIANO, *Historias curiosas*, Madrid, Valdemar, 2015.

DARCOS, Xavier, *La escuela republicana en Francia: obligatoria, gratuita y laica. La escuela de Jules Ferry (1880-1905)*, Zaragoza, Prensas Universitarias de Zaragoza, 2008.

DE ROMILLY, Jacqueline, *Alcibíades o los peligros de la ambición*, Barcelona, Seix Barral, 1996.

DESMURGET, Michel, *La fábrica de cretinos digitales: los peligros de las pantallas para nuestros hijos*, Barcelona, Península, 2020.

DIÓGENES LAERCIO, *Vida y opiniones de los filósofos ilustres*, Madrid, Alianza Editorial, 2013.

EINSTEIN, Albert, y Sigmund FREUD, *¿Por qué la guerra?*, Barcelona, Minúscula, 2008.

EPICTETO, *Disertaciones por Arriano*, Madrid, Biblioteca Clásica Gredos, 1993.

ESTRABÓN, *Geografía*, Madrid, Biblioteca Clásica Gredos, 2003.

FOUCAULT, Michel, *Historia de la sexualidad*, Madrid, Siglo XXI, 2019.

HAVELOCK, Eric A., *Prefacio a Platón*, Madrid, Antonio Machado Libros, 2002.

HEIDEGGER, Martin, *Arte y poesía*, México D. F., Fondo de Cultura Económica, 2006.

HERÓDOTO, *Historia*, Madrid, Cátedra, 1999.

HESÍODO, *Los trabajos y los días*, Barcelona, Gredos, 2021.

—, *Obras y fragmentos*, Madrid, Biblioteca Clásica Gredos, 1978.

HOMERO, *Ilíada*, Madrid, Alianza Editorial, 2019.

—, *Odisea*, Madrid, Biblioteca Clásica Gredos, 1993.

JAEGER, Werner, *Paideia: los ideales de la cultura griega*, México, Fondo de Cultura Económica, 2017.

JENOFONTE, *Anábasis*, Madrid, Biblioteca Clásica Gredos, 2006.

—, *Banquete*, Madrid, Biblioteca Clásica Gredos, 1993.

—, *Helénicas*, Madrid, Biblioteca Clásica Gredos, 1994.

—, *Recuerdos de Sócrates*, Madrid, Biblioteca Clásica Gredos, 1993.

KANT, Immanuel, *Crítica de la razón práctica*, Madrid, Tecnos, 2017.

—, *Fundamentación de la metafísica de las costumbres*, Barcelona, Austral, 2016.

KENNY, Anthony, *Tomás de Aquino y la mente*, Barcelona, Herder, 2000.

LURI, Gregorio, *La escuela no es un parque de atracciones: una defensa del conocimiento poderoso*, Barcelona, Ariel, 2020.

MACINTYRE, Alasdair, *Tras la virtud*, Barcelona, Crítica, 1984.

Marco Aurelio, *Meditaciones*, Madrid, Biblioteca Clásica Gredos, 1977.

Maritain, Jacques, *La persona y el bien común*, Buenos Aires, Club de Lectores, 1968.

Montaigne, Michel de, *Los ensayos*, Barcelona, Acantilado, 2007.

Nietzsche, Friedrich, *Crepúsculo de los ídolos*, Madrid, Alianza Editorial, 2013.

Platón, *Apología de Sócrates*, Barcelona, Biblioteca Clásica Gredos, 2019.

—, *Diálogos*, Barcelona, Biblioteca Clásica Gredos, 2019.

—, *La República*, Madrid, Biblioteca Clásica Gredos, 2020.

—, *Leyes*, Madrid, Alianza Editorial, 2014.

Plutarco, *Vidas paralelas*, Madrid, Biblioteca Clásica Gredos, 2009.

Popper, Karl, *La sociedad abierta y sus enemigos*, Barcelona, Paidós, 2010.

Rodríguez Luño, Ángel, *Ética general*, Pamplona, Eunsa, 2014.

Sandel, Michael J., *La tiranía del mérito: ¿qué ha sido del bien común?*, Barcelona, Debate, 2021.

Sartre, Jean-Paul, *A puerta cerrada*, Oviedo, Losada, 2005.

Séneca, *Epístolas morales a Lucilio*, Madrid, Biblioteca Clásica Gredos, 1986.

Smith, Adam, *Teoría de los sentimientos morales*, Madrid, Alianza Editorial, 2013.

Tovar, Antonio, *Vida de Sócrates*, Madrid, Alianza Editorial, 1999.

Tucídides, *Historia de la guerra del Peloponeso*, México D. F., Porrúa, 1998.

VV. AA., *La Institución Libre de Enseñanza y Francisco Giner de los Ríos: nuevas perspectivas*, Madrid, Fundación Francisco Giner de los Ríos/Acción Cultural Española, 2014.

Warburton, Nigel, *Philosophy: The Basics*, Londres, Routledge, 1995.

Wittgenstein, Ludwig, *Tractatus logico-philosophicus*, Madrid, Alianza Editorial, 2012.

—, *Tractatus logico-philosophicus*, Madrid, Biblioteca Clásica Gredos, 2009.